The Poetry of Rav Yosef Tzvi Rimon

A Myrtle in the Desert

Translated by Daniel Farb

gefen גפן
publishing house בית הוצאה לאור
JERUSALEM ◆ NEW YORK   Est. 1981

Cover design: Diane Liff, D. Liff Graphics
Typesetting: Renana Typesetting

ISBN: 978-965-229-811-9

1 3 5 7 9 8 6 4 2

Gefen Publishing House Ltd.

6 Hatzvi Street
Jerusalem 94386, Israel
972-2-538-0247
orders@gefenpublishing.com

Gefen Books

11 Edison Place
Springfield, NJ 07081
516-593-1234
orders@gefenpublishing.com

www.gefenpublishing.com

Printed in Israel

Library of Congress Cataloging-in-Publication Data

Names: Rimon, Y. Zvi, 1889-1958, author. | Farb, Daniel, translator.
Title: The poetry of Rav Yosef Tzvi Rimon : a myrtle in the desert /
   translated by Daniel Farb.
Description: Springfield, NJ : Gefen, [2016]
Identifiers: LCCN 2015050817 | ISBN 9789652298119
Classification: LCC PJ5053.R53 A6 2016 | DDC 892.41/5--dc23 LC record available at http://lccn.loc.gov/2015050817

Avraham Yitzhak Hakohen Kook
Chief Rabbi of Eretz Yisrael
And Chief of the Court
In the Holy City of Jerusalem

Tevet 19, 5692[1]

We now celebrate twenty-five years of glorious and fruitful work from our friend, the poet, abounded with heavenly spirit and wisdom and fear of Heaven – Rabbi Yosef Tzvi Rimon, shlita,[2] may he grow in strength. The time has come to give glory and honor to this exceptional poet, whose spirit's meditations and lofty verse stem from that eternal life-giving spring [the Torah], the light of Israel, and from the force and power of his own holy soul.

It may be that it is specifically from the great suffering in his life that our beloved poet's soul has been elevated and sanctified, rendering him particularly capable of blazing a holy path to the renaissance of the poetry of Israel. This poetry, silenced for hundreds of years, has again found the voice to speak of exalted things. Though external circumstances have found this new voice focusing in the majority on secular topics, yet, being the poetry of Israel, it cannot help but draw from its holy source.

Now behold, our beloved poet Rabbi Yosef Tzvi Rimon buds like a myrtle in the desert, irrigated from the holy life deep in his inner spirit, a holiness guarded by a life of purity and a special sensitivity of spirit. We hope that days will come in which he will be not just one of the poets of Israel, but a model, in his own unique way, an example for all future poets of Judah, who will sing with a full voice for the name of God, the Rock of Israel.

We wish a blessing of strength and courage to this golden man of spirit, our dear poet Rabbi Yosef Tzvi Rimon, and may God grant him the strength and spirit to continue to produce more magnificent works which in the future will join the exalted canon of Israel's poetry – as a renewed holiness completes its valor and beauty.

With the blessing of his friend who strengthens his hands with love,

Avraham Yitzhak Hakohen Kook

---

1 December 29, 1931.
2 An abbreviation meaning: May he merit a long and good life.

אברהם יצחק הכהן קוק

הרב הראשי לארץ ישראל

והאב"ד

דעה"ק ירושלם תובב"א

ב"ה י"ס טבת תרצ"ב

מלא חצי יובל לכבוד עבודתו הפוריה של ידידנו המשורר המלא
רוח דעת, ויראת השם טהורה מו"ה יוס ף צבי רמון שליט"א,
יישר כח. הגיע הזמן להתעורר, ליתן כבוד ועז למשורר המיוחד במינו
בזמננו, שכל הגות רוחו ומעוף שירתו נובעים הם ממעין החיים של אור
ישראל, נצחו ועזו וקדושת נשמתו.

יוכל להיות שדוקא, משורר כמו חביבנו זה, מתוך מעמקי הצער
שבחייו, נשמתו מתרוממת ומתקדשת, והוא, דוקא הוא, הנהו העלול
לפתוח מסלול הקודש בשירת ישראל המתחדשת, אשר אחרי אשר
נאלמה מאה בשנים פתחה את פיה לדבר גדולות, אבל מסבות חצוניות
אשר בחיי החולין נתנו בה את החלק היותר מכריע, למרות שבחור
שירת ישראל היא מוכרחת להיות יונקת ממקור הקודש.

והנה מופיע לנו משוררנו החביב רבי יוסף צבי רמון כהדס במדבר,
ביניקתו מלשד החיים המקודשים האצור בקרב רוחו פנימה, המשומר
בטוהר חייו וברגש טהרתו המיוחדת. נקוה שיבואו ימים, והוא לא רק
אחד המשוררים בישראל יהיה, אלא למופת יהיה בחטיביותו המיוחדת,
ולמשל למשוררי יהודה הבאים, אשר ירונו בגאון שם ד' צור ישראל.

חזק ואמץ לאיש הרוח המסולא בפז משוררנו היקר רבי יוסף צבי
רמון, ויהי ד' עמו לחזק ולאמץ את ידיו הטהורות של האיש הטהור
ונקי הדעת ולעודד את רוחו, להגדיל ולפאר בעתיד עוד עבודות רבות
ונהדרות על הככר המרומם של שירת ישראל, אשר תתחדש בהוד
קדושתה, אשר יחובר עם רעם גבורתה ופאר יפיה.

כברכת ידידו המחזק ידיו באהבה

אברהם יצחק הכהן קוק

Contents

THE POEMS

מפתח השירים

My Grandfather Rav Yosef Tzvi Rimon

by Rav Yosef Tzvi Rimon

"The distinguished one – this is a faithful description of him, only of him, of all the poets among us in that generation," wrote Avraham Kariv in his introduction to *Ketarim*, my grandfather's first book of poetry. "He was not similar to anyone among those who played the harp in this generation, and I don't know of anyone like him in the previous generation," wrote the writer Binyamin (*Mishpechot Sofrim*, p. 164). So my grandfather, Rav Yosef Tzvi Rimon, *zt"l*, was a unique writer in his sphere.

It is worth understanding the circles that read the poems of Yosef Tzvi Rimon, valued them, and even revered them and the poet who had written them. From the religious side, most prominent admirers were Rabbi Avraham Yitzhak Hakohen Kook, *zt"l*, his son Rabbi Tzvi Yehuda Kook, Azar (Aleksander Ziskind Rabinovitz, known as just "Azar"), the writer Rabbi Binyamin, and others. And, on the other hand, Rimon was in contact with the great poets and authors of the period from all literary streams: Haim Brenner ("Brenner and Azar showed me much friendship in the course of time" [*Derech Shirati*, Rav Yosef Tzvi Rimon]), H.N. Bialik, Shaul Tchernichovsky, Asher Barash, Avraham Kariv, Shai Agnon, David Shimoni, and many more.

Rimon's poetry was widely publicized in various contemporary journals: "It found a broad following among the various literary circles and the writers of the time, even those differing in opinions and aspirations, from *Hatzofeh* and the newspapers of the ultra-Orthodox, across the spectrum to *Hapoel Hatzair* and *Ha'achdut* and even *Al Hamishmar*, the publication of the left-wing Hashomer Hatzair movement" ("*Toldot Avi*" by David Rimon, introduction to *Shirim*, p. 11). Even nonreligious poets viewed him as an important asset. The newspaper *Davar* described his poetry as "not only worthwhile, but required." And they added: "It is a pleasure to find the presence of a religious poet among the 'lost ones' of our generation."

Rimon's unique poetry, springing from deep inner truth, created a common language even among people who were very different from him. His poetry was special; "a new soul sang here a new song.... His poetry draws from our sources, but he himself is a spring of originality!" (Avraham Kariv, introduction to *Ketarim*). It was indeed a new song, written in new symbolism, from a man living in a new era with new experiences. Simultaneously, however, it was the poetry of a poet who drew inspiration from the Bible, the prophets, the wise men, and the great poets of our people. "Everything draws from the light of our Torah, from the holy light, and even secular poems cannot exist unless there is holy light in them" (*Derech Shirati*, p. 2).

The special character of Rimon's poetry, unparalleled in his generation or ours, remains meaningful and unique for our generation. It is poetry that gives intense expression to lofty feelings that resonate inside us, poetry that is at times intended to be like a wellspring of prayer for our present reality in general, and in particular for a people renewed on their ancient land.

Rav Yosef Tzvi Rimon, born in Poland in 1889 to his father Ephraim Eliezer Garnet, a true Torah master who authored the books *Lights of Judaism* and *Faith and Knowledge*, was named after his grandfather Yosef Tzvi Garnet, who was a "holy man...who really possessed a holy spirit" (ibid., p. 3). He learned in the yeshiva of Rav Reines in Lida. At the age of twenty he moved to the Land of Israel.

"When I came to the Land of Israel, I had a different spirit. The air of the lands of foreign nations was distant from me, and the air of the holy land gave me a spirit of holiness" (ibid., p. 10). On his arrival, Rimon met the poet Azar, who introduced him to Rav Kook. "On the recommendation of Azar, I came to Rav Kook, and he considered me to be a master of poetry, and brought me into his yeshiva, then in Yafo. He loved to talk with me" (ibid.).

Rimon's closeness with Rav Kook had a great influence on him. He wrote several essays on Rav Kook. In his writings and his poetry, one can see that influence. "In the yearning soul of the young Rav Rimon, the Rav found a harp, a means of expression. Aside from the close relations between them, at times the poems of Rimon were explanations of the thoughts of Rav Kook" (*Mishpechot Sofrim*, Rabbi Binyamin, p. 165).

To Rav Kook, Rav Rimon represented a unique hope for the revival of poetry in his generation – poetry that would flow from the wellsprings of holiness.

The time has come to awaken, to give honor and strength to the unique poet in our times, whose every meditation of his spirit and flight of his song flow from the living well of the light of Israel, its eternity, its strength, and the holiness of its spirit.... And he, only he, is the one destined to forge a holy path in the renewed songs of Israel, after they were broken off for hundreds of years. Strength and courage to this man of spirit who is like precious gold, our precious poet Rav Yosef Tzvi Rimon; may the holy hands of this holy man be strengthened and fortified. (Rav Kook in the essay on the jubilee of Rav Yosef Tzvi Rimon, 1931)

Rav Rimon wandered around the country: Jaffa, Jerusalem, Haifa, Petach Tikva (where he served as a teacher of Bible and Hebrew). He was injured by Arab rioters in 1921, and as a result stayed in Safed for several years (1925–1927), during which time he studied Torah and Kabbala. His wife, Esther Rimon, supported him. From 1926 he lived with his family in Tel Aviv, who admired him, his poems, and his modesty,. His children were the teacher Rivka Rimon and my father David Rimon. He rejoiced in his grandchildren, and wrote many poems in their honor. I, the writer of these lines, never had the privilege to see him, but did have the privilege to be named after him, to sense his presence, and to be raised in the spirit of his poetry.

He wrote several booklets of poems as he was starting out. Then, in 1944, he published his first book of poetry, entitled *Ketarim*; it is this collection that is translated here. He also wrote the book *Atzei Chaim* on the greatness of the nation. Apart from these works, Rimon wrote much on the Bible, as well as many additional collections of poetry in manuscript, parts of which are in the family's possession as printed pamphlets. After his death, several books of poetry appeared: *Shirim* (Massada, Agudat Hasofrim, 1973, edited by Professor Tzvi Luz) and *Yalkut Shirim* (Zmora-Bitan, 1989, edited by Professor Tzvi Luz). All the poems in *Yalkut Shirim* have been included in the curriculum of Israel's Department of Education. There is a monograph on his poetry (*Shirat Yosef Tzvi Rimon*, by Professor Tzvi Luz [Hakibbutz Hameuchad, 1998]), and scores of essays and works of research have been written about his poetry. (A partial list may be found in Professor Luz's book.)

Four streets in Israel have been named after Rav Rimon: in Tel Aviv, in Ramat Beit Hakerem in Jerusalem, in Bnei Brak, and in Netanya. In 1956, in honor of forty years of his poetry, Israel's national Union of Writers held an evening at Israel's leading theater, the Habima Theater in Tel Aviv, to mark the jubilee of the publication of Rimon's first poem, in 1906. Rimon was awarded the President's Prize from President Yitzhak Ben-Zvi in 1958.

The Style and Nature of Rimon's Poetry

"Why don't you leave your poetry in an organized place?" asked my father, David Rimon. My grandfather answered, "I sing like a bird in the forest. A bird doesn't glance sideways to see if someone is watching her as she sings."

This characterized the poetry of my grandfather. His poems emerged easily and naturally, a direct expression from the soul and often as a way of baring his soul to the Creator. One of the results of this attitude was his style of poetry. In his youth, Rimon wrote in rhyme like other poets of the period. Echoes of this can be seen among other books of his poetry published at that time (1910–1916) in *Leket*, *Dvir*, and *B'Machazeh*. However, he soon understood that this kind of poetry did not allow him freedom of expression. He was forced to change the natural stream of poetry for the sake of the "chains" in which the rhymes bound him. He expressed his new path in poetry and his rebellion against rhyming poetry in a wonderful poem, "The Poem Was Imprisoned" (which, obviously, is not written in rhyming form):

> The poem was in prison –
> Enclosed in rhyme;
> When the spring came, it sought freedom,
> So I released it from its bonds.
>
> Fly, daughter of song,
> Circle in the heavens!
> I will follow you,
> I will draw from your profound beauty,
> And no stranger will see me
> When I go up to you
> And upon my return to earth.

From that point on, Rav Tzvi Yosef Rimon had found his unique voice. There was an internal balance that flowed from, on the one hand, natural intuition, so that his poems emerged fresh and even revolutionary (in the opinion of researchers, they were revolutionary even in comparison with today's poetry, as explained to me by Professor Luz). Yet on the other hand, his poetry offered a profound integration of holy poetry from the past.

I Will Sing to God

The focus of Yosef Tzvi Rimon's poetry is the Holy One. Everything revolves around Him. One turns to Him with thanks for wondrous things; one pleads with Him at times of trouble, and one comes to Him even with complaints. At all times, as in the poem "How Will I Sing about Day and Night…" God is sought and encountered:

> I wanted none other than You, my God!
> What to me are suns, what to me are stars
> And what to me is anything but You?

And at times, when we despair, when we are not successful in this search, when we don't see His secret – even then, our longings, our strivings towards God never cease.

> I will count the days and number the times for hope –
> And delight is long in coming.
> No freedom called for my soul, Your hint did not come,
> Now I will die, consumed by my longing.

One of his famous poems that expresses his view of God is "How Will I Sing About Day and Night?"

> How will I sing about day and night –
> When God created them?
> How will I sing about heavens and earth –
> When God established them?
> How will I sing about mountains and hills –
> When God molded them?
> How will I sing about seas and deserts –
> When God made them!
> How will I sing about the earth and its fullness –
> When God commanded them? –
> I will sing to the Maker of all, exalted above all –
> To God I will sing!

His poetry to God turns many of his songs into prayers – personal prayers of a man imbued with the love of God, filled with love of the land. They are prayers that give voice to the rebirth of the people in their homeland and to the anticipation of their coming redemption, prayers that flow sometimes from great joy and at times from harsh suffering, but always from hope and not despair, always from the knowledge of who and what he is – "because I have loved God so much!"

Rimon knows the special strength that God has given us: "My heart is rich, like God." In his poetry, one can see that he felt the partnership that God gave us in the creation of the world. In this partnership, at times a person will labor on alone, and at times it is as if he "appoints" God to continue His work in this world.

> In my heart depth after depth is sinking,
> My heart is rich, like God…
> Color again, God, the heavens of evening and morning,
> And pour Your light on the vision of days,
> For I desired radiance…

There are many objects and images in his poetry: the Land of Israel and its landscapes, the Torah, flowers, and love. Some of those love images remind one of the biblical Song of Songs. Sometimes the images are daring.

> God burns on the curls of a maiden
> Without shame.
> He left the refuge of the Nazirites,
> And was poured out on the fullness of purple expanses
> Would You desire like a man, O God?
> …
> You were a rascal like me, man!
> Let me pursue You, even I,
> Because You pursued me.
> My eternal God, Love!

The Land of Israel

The Land of Israel is always in the background of Rimon's poetry. He traveled widely around the country, he loved it, and he often gave voice to the special strength that he felt it gave him. In his poetry, one can sense the natural love of the landscapes of the country. For Rimon, the land tells the Jewish people's history. It is God's land, which speaks to him and endows him with its holiness and strength.

Meditations on the landscapes and nature of the land are expressed in many poems, as in "I came to the Sharon":

1.
I came to the Sharon
And its flowers consoled me.
My heart longs for flowers,
My heart pines for flowers.
Since I became lovesick
I have no consolation,
Except from flowers.

2.
On the shores of the Kinneret[3]
I will long for the great sea

His poem "I Loved the Rocks of My Land" is quite unique.

I loved the rocks of my land
On its mountains.
Each stone sings a song.
I go up from one to another,
And inside I stir with glad song:
They lived like me,
They dreamed much, they yearned –
Their dream was long in coming –
And they became stones…

The stones and rocks in the land are not just a landscape. They hold within them the history of the people of Israel in its land. They contain powerful dreams of the course of history, dreams that at times turned to stone. As Rimon makes his way around the land and sees rocks and stones he listens attentively, because every stone has a

---

3   Kinneret – another name for the Sea of Galilee.

song. The song of these stones arouses him and imbues him with a unique spirit: "I go up from one to another / And my heart awakens with a song." He listens to their songs and identifies them: "These stones lived like me; they dreamed and desired." Ultimately, the dreams turned to stone. Even if some of our dreams turn to stone, there is still much power in the dream itself, in its aspirations and its vision. Even a dream that turns to a stone leaves an impression behind, and it goes on singing its song forever!

Being in the Land of Israel makes one particularly aware of the presence of God, and God calls to the poet, who hearkens His call and follows Him:

> I went up to the mountains of rocks,
> Flooded with God's light,
> On the paths of distant fields
> I walked to the flapping wings of the cherubim.
> At night my heart suffered for the distant mountains,
> And I drew secrets from the light of the distant stars,
> And by day He did not rest, He called me from path to path,
> From road to road.
> And I walked after Him.
> God descended to me in a song, God descended to me in a vision.

The special presence of God that is felt in the Land of Israel is what gives strength to his vision. It suffuses the poet with the song of God. "God descended to me in a song, God descended to me in a vision."

Sometimes Rimon's poetry resembles the poetry of prophecy, a sight of the vision of God.

> I heard from behind the partition of the holy Presence
> That the Jordan would renew its waves as in the past.
> I heard from behind the partition of the holy Presence
> That fruit trees would bloom in profusion in the Arava.

Or in the poetic prose of "*Shabbat Geula*" (Shabbat Redemption), which does not appear here but can be found in Hebrew in the collection *Ketarim*, which appears online (http://www.daat.ac.il/daat/sifrut/rimon/tohen.htm):

Shabbat Redemption is nigh, we stand at the zenith of the day. Trust me, my
 soul, the day of Redemption is near!
Suddenly every soul will cry over the past and will long for the future.
Take it easy, my brothers, strengthen the battalions of the nation, speak well
 one to another, ask why each soul is yearning, so that holiness will shine
 suddenly upon us, and the lights of God will appear as in days long gone.

In Rimon's poetry there are sometimes intimations of prophecy, unique for us and
our generation. It can be heard every day as an echo, though only special people can
hear it.

Translator's Introduction

by Daniel Farb

Yosef Tzvi Rimon was not a typical poet. Writing at a time of rampant secularization, he was unabashedly religious. His religious poetry is deeply mystical, reflecting spiritual experiences, visions, and metaphors that refer to sources such as Kabbala and the Song of Songs. Just as he personally didn't fit easily into any box – he was a friend with Rav Kook as well as nonreligious poets – his poetry doesn't fit easily into any single classification.

In order to provide the reader with a simple key to understanding Rimon's poetry, one could say that he mainly wrote of his relationship with God; he was happy when he was close, and dejected when he felt removed. Sometimes that was expressed as a longing for the Land of Israel, where he lived most of his life. He moved to Israel in 1889, at a time when the hope of the end of exile was just stirring. Rimon's poems also express the stirring of a fervent hope for personal and national redemption. Many readers may not know that the Song of Songs is not a love poem, but an allegory of Israel's relationship with God and the nations; in a similar way, Rimon often uses images of love and lovers to express that as well.

It is difficult to capture the flavor of Rav Tzvi Rimon's poetry in English because it is so rich with allusions to the whole range of Torah literature, and many of the Hebrew words refer the Hebrew reader back to those sources. Bearing this in mind, I have tried my utmost to translate the meaning of Rimon's poetry in language that is clear and straightforward.

As Rimon's grandson writes in his introduction above, the poet has little use for rhyme, relying instead on the rhythms, color and texture of the Hebrew language. To give the English reader the sense of that rhythm, I have often used words that almost rhyme, as I believe that the essence of his worldview was a dynamic combination, in the context of a religious perspective, poetic experience and the uncertainty of one's relationship with God. In many of his poems, one sees that seeming opposites are integrated at a deeper level.

I would like to dedicate this translation to my parents, Peter Farb (no longer alive) and Oriole Farb, and my stepfather, Sid Feshbach, who gave me such an appreciation of literature. They were so supportive to me in many ways.

My portion of the royalties goes to support job training through the program JobKatif for Israelis who were forced out of Gush Katif ten years ago, in 2005. Thank you for supporting this charitable enterprise.

השירים   The Poems

לַחֲשֵׁי עֶרֶב　　Night Whispers

צָרַר בִּכְנָפָיו רוּחַ עֶרֶב
אוֹתִי וְאֶת הָעוֹלָם;
מִקְצֵה הָאָרֶץ בָּא, לָחַשׁ בְּאָזְנָי:
עוֹד חַי אַתָּה!
רָז אַחֲרֵי רָז, רָז אַחֲרֵי רָז –
מְלֵא סוֹדוֹת אָנִי!

פָּרַץ כּוֹכָב בִּמְרוֹמֵי הַשָּׁמַיִם,
חָדַר אֶל לִבִּי וְאֶל לֵב הָעוֹלָם,
אַחֲרָיו שֵׁנִי, שְׁלִישִׁי גַם רְבִיעִי ...
כּוֹכָב אַחֲרֵי כּוֹכָב, כּוֹכָב אַחֲרֵי כּוֹכָב –
מְלֵא אוֹרָה אָנִי!

רוּחַ, רוּחַ וְסוֹדוֹתָיו,
כּוֹכָב, כּוֹכָב וְאוֹרוֹתָיו, –
מַה קָדוֹשׁ הָעוֹלָם וּמַה רָם!
עָבַר רוּחַ אַהֲבָה, אַחֲרָיו רוּחַ קֻדְשָׁה,

נְשָׁקוּנִי עַל עֵינַי וְעַל שְׂפָתַי,
עוֹלָמוֹת הֵבִיאוּ בְּכַנְפֵיהֶם,
הוֹשִׁיבוּם בְּחַדְרֵי לִבִּי וּפָרְחוּ –
מְלֵא עוֹלָמוֹת אָנִי!

The spirit of night winds the world
With me in its wings;
Springing from the whirling earth, it whispers in my ears:
You are still alive!
Secret after secret, secret after secret –
I am full of mysteries!

A star bursts in the heights of heaven,
Pierces my heart and the heart of the world,
After it a second, third and fourth ...
Star after star, star after star –
I am full of light!

Wind-spirit, wind-spirit and its mysteries,
Star, star, and its lights,
How holy is the world and how lofty!
The spirit of love passes, then a divine spirit

Kissed me on my eyes and lips,
Bringing worlds on their wings
Set them in the chambers of my heart and vanished
I am full of worlds!

עַל אַדְמַת צִיּוֹן   On the Land of Zion[1]

לזכרון ימי העליה השניה

In memory of the Second Aliya

הִתְיַחַדְתִּי אֶת הַדְּמָמָה,
רַעֲדוּ מֵיתְרֵי לְבָבִי,
וְנַפְשִׁי פָּחָדָה.

I was at one with the silence,
My heartstrings trembled,
And my soul was full of fear.

גָּח עָלַי לַיְלָה,
וְאֵשׁ כּוֹכָבִים הִשְׁתַּלְהֲבָה;
נִיצוֹץ לִבִּי עָלָה, הַזָּהִיר -
נִיצוֹץ הַקֹּדֶשׁ.

Night rested on me
While the stars flared;
A spark of my heart arose, reflecting
The divine spark.

תָּעֲתָה לְבָנָה בִּרְוֹם שְׁמֵי צִיּוֹן,
סִפְּרָה לְשַׁדְרוֹת־כּוֹכָבִים,
סוֹד גַּעְגּוּעַי לַמּוֹלֶדֶת

The moon wandered lost in the heavens of Zion,
Whispered to the rushing stars,
The secret of my yearning for the homeland.

דִּמְעָתִי לְחֵיק אֵם צִיּוֹן נָפָלָה;
הֶעָבָר בָּגַד, הֲיֵחָלֵם הַהֹוֶה,
גַּם יִגַּהּ הֶעָתִיד?!

My tears fell into the lap of Mother Zion;
If the past betrayed, will the present dream,
Even if the future illuminates?

---

1 Translator's note: The second wave of immigration to Israel, known as the Second *Aliya*, occurred between 1904 and 1914. Its success or failure would be crucial to achieving the Zionist dream. It was a period of immense hardship.

אָנֹכִי בֶּן מֶלֶךְ ...   I Am a Prince…[2]

אָנֹכִי בֶּן מֶלֶךְ, בֶּן מֶלֶךְ אָנֹכִי!
בְּגַן הוֹרַי טִיַּלְתִּי אַחוֹרֵי אַרְמוֹנָם,
לִקַּטְתִּי שׁוֹשַׁנִּים לִי זֵרִים לִקְלֹעַ.
אָז יוֹנָה צְחוֹרָה לָהּ פָּרְחָה בָּרָמָה,
לִבְּבוּנִי עֵינֶיהָ, קְסָמַנִי רֹךְ כְּנָפָהּ,
וָאֵצֵא מְכֻשָּׁף לָנוּעַ אַחֲרֶיהָ ...
פַּרְדְּסֵי הַתְּכֵלֶת בַּשְּׁחָקִים מְשָׁכוּנִי,
עָלִיתִי לֶהָרִים, יָרַדְתִּי לַבְּקָעוֹת -
וְעֵינַי לַשְּׁחָקִים וְעֵינַי לַתְּכֵלֶת ...
הִבַּטְתִּי לַמֶּרְחָק: הַיּוֹנָה אֵינֶנָּה!

"I am a prince, the son of a king am I!"
I strolled in the garden behind my parents' palace,
Picked lilies to braid myself garlands.
Then a pure white dove flew on high,
Her eyes and the softness of her wings enchanted me,
Bewitched, I ran after her …
The pale blue orchards in the heavens drew me,
I scaled mountains, dipped into valleys –
My eyes on the heavens, my eyes on the blue sky …
I glanced far away: the dove was gone!

וְיָמִים וְלֵילוֹת מַר נֶפֶשׁ תָּעִיתִי,
כְּתֹנֶת־הַפַּסִּים כְּבָר נָבְלָה עַל בְּשָׂרִי,
עָיַפְתִּי עַד מָוֶת וְרַגְלַי בָּצֵקוּ.
אֲלֵיכֶם, הַזָּרִים, מְעֻנֶּה כֹּה בָּאתִי -
וְאָנֹכִי בֶּן מֶלֶךְ, בֶּן מֶלֶךְ אָנֹכִי!
אָנֹכִי בֶּן מֶלֶךְ, בֶּן מֶלֶךְ אָנֹכִי!

And for days and nights I wandered bitterly,
My coat of many colors fell apart long ago,
I was deadly tired, and my legs swollen.
To you, strangers, I arrived so tortured –
For I am the son of a king, a son of a king am I!
I am the son of a king, a son of a king am I!

וּמֵיתְרֵי הַזָּהָב יֶהֱמוּ בִּלְבָבִי,
כְּאַרְגָּמַן הַכַּרְמֶל עֵת שֶׁמֶשׁ יֵט יָמָּה -
יַדְלִיקוּ לִבָּבִי, אֶת נַפְשִׁי יַלְהִיבוּ;
אַךְ זָרָה לַזָּרִים שִׁירָתִי הַגֵּאָה,
כִּמְשֻׁגָּע בְּמַקְלוֹת יַכּוּנִי בַּשְּׁוָקִים,

Chords of gold shimmered in my heart,
Like the crimson of the Carmel as the sun dips into the sea –
Enflaming my heart, inspiring my soul
My proud song is scorned by strangers;
Like a madman in the markets, they beat me with sticks.

---

2   Translator's note: Some of the phrases in Hebrew use expressions from the Bible that refer to the times of closeness to God followed by exile. For example, being hit in the markets is reminiscent of the passage in the Song of Songs that refers to the night watchmen who beat the speaker of the song. This is representative of the oppression of Israel in exile. Missing the dove is like missing the opportunity for Redemption. The nation of Israel is referred to in religious literature as the King's son – meaning God. In all of his troubles, the speaker never forgets his connection to God. The poet uses the expression *techelet* – a blue dye used in coloring *tzitzit*, the prayer fringes, to remind us of the deep blue of the heavenly throne. It is translated here as blue. The poet alludes to Joseph's coat of many colors, which is also a reference to his own name.

וְהָיָה כִּי אִיעַף וְאֵין אוֹנִים אֶפֹּלָה –
אֲחוֹרֵי הַגָּדֵר בְּמוֹתִי יִקְבְּרוּנִי;
אַךְ אַחַת תְּצַלְצֵל רַק תָּמִיד בְּאָזְנֵיהֶם,
אַךְ אַחַת תְּנַקֵּר רַק תָּמִיד בְּמֹחָם:
אָנֹכִי בֶּן מֶלֶךְ, בֶּן מֶלֶךְ אָנֹכִי!

I was weary, my strength sapped and I fell –
When I die, they will bury me behind the fence;
Only one thing will ring forever in their ears,
Only one thing will peck at their memory forever:
I am the son of a King, the son of a King am I!

תְּפִלָּה   Prayer

עַתָּה כִּי אַקְשִׁיב הֶמְיַת גַּלִּים חֲדָשִׁים,
יְמֵי עָצְבִּי דוֹלְקֵי־צָמָא אֶזְכְּרָה,
אֶכְרְעָה בֶּרֶךְ, רֹאשִׁי אַרְכִּינָה
וְכַפַּי אֱלֵי שְׁחָקִים אֶפְרֹשָׂה:

אֵל שַׁדַּי! הַעֲבִירָה יָמֶיךָ הַמְתוּקִים!
חֲלֶף חַיִּים וְאֹשֶׁר שִׁירָה תַּנְחִילֵנִי –
וְלוּ קָשָׁה תִּנְחַת יָדְךָ כִּלְבָבְךָ,
אַךְ מִשְּׁכוֹל וְאַלְמוֹן נָא שָׁמְרֵנִי!

Now that I hearken to the churning of new waves,
I remember my sad, thirst-ridden days,
I bend my knee, bow my head
Spread my palms to the skies:

Powerful God! Bring me your sweet days!
Bereft of life and happiness, bequeath me a song –
And if your hand will come down as hard as your heart,
Please spare me bereavement and loss!

One...[3]   אֶחָד...

בַּלֵּיל טִלְטְלַתְנִי יַד אֵם רַחֲמָנִיָּה
נְשָׁקַתְנִי עַל קִמְטֵי מִצְחִי וּשְׂעַר כַּסְפִּי,
וְטֶרֶם הִתְבּוֹנַנְתִּי אֶל עֲדְנַת פָּנֶיהָ –
וְהִיא נֶעֶלְמָה בִּדְמַמַת הַלֵּיל הָרְחוֹקָה.

At night the hand of a merciful mother swayed me
She kissed me on my furrowed forehead and silver hair,
And before I could glance at her delightful face –
She disappeared into the silence of the distant night.

וָאֱהִי נִצָּב יְחִידִי בְּדֶרֶךְ הַמֶּלֶךְ
שֶׁל פַּרְדֵּסִים וּבֵית הַיַּלְדָּה הַנָּאוָה
וַיִּדֹּם הַלֵּיל – עִם נַפְשׁוֹ הִתְיַחֵד –
וְשׁוּעָלִים בַּכְּרָמִים יִלְלָתָם שָׁכָחוּ.
מִיָּמִין וּמִשְּׂמֹאל – אִלְּמִים בַּפַּרְדֵּסִים
כִּבְנֵי מְלָכִים נֶעֱצָבִים הַבּוֹחֲלִים בְּעָשְׁרָם
שָׁמְרוּ עֲצֵי הָרִמּוֹנִים עַל סוֹד עִצְבָּם
וַיּוֹרִידוּ פְּנֵיהֶם וַיְכֻסּוּ בִּצְלָלִים.

And I was standing alone on the highway,
In orchards and the house of a fair child
And the night was silent – alone with its soul –
And foxes in the vineyards forgot to howl.
To the right and to the left, mute in the orchards
Like sad princes abhorring and confounded by their
    wealth,
The pomegranate trees guarded their secret sadness
And their faces fell, and they were covered in shadows.

יְפֵה־נוֹף! עֶרֶשׂ גַּעְגּוּעַי! קַן חֲלוֹמוֹתַי
מִתַּחַת חוֹמוֹת הַצָּפוֹן; עַד הָקֵא דָם,
מְעֻנֶּה וְנֶחְנָק, בְּאֵין שַׁחַק בָּאתִי אֵלֶיךְ;
שָׁם בְּאֵין אוֹר לִבִּי הִתְכַּוֵּץ מִכְּאֵב,
כְּאִלּוּ קַרְדֹּם כָּבֵד מַהֵר יַתִּיז רֹאשִׁי...
וָאֹבַד בְּמַחְשַׁכֵּי עוֹלָם זֶה לִי מוּזָר,
גְּאוֹן מוֹלַדְתִּי גַּם הוּא נֶעֱלַם מִמֶּנָּה
וְזִרְמֵי רְגְשׁוֹתַי הַגְּדוֹלִים יָבֵשׁוּ;
בִּדְמוּמִיַּת עֲרָבִים בְּצֵאת כּוֹכָבִים
עַל מִפְתַּן הַשָּׁמַיִם וְשִׂיחַ אֶל בְּפִיהֶם –

Beautiful view! Cradle of my longings! Nest of my dreams
Under the walls of the north; until blood is spit,
Tortured and strangled, devoid of heaven I came to you;
There, without light, my heart shrank from pain,
As if a heavy ax had swiftly beheaded me...
And I was lost in the darkness of this strange world,
The pride of my homeland disappeared from it too
And the flow of my feelings dried up;
In the silence of evenings when stars come out

---

3   Translator's note: In the Bible, the north is considered a place of bad fortune, the location of the nations that send Israel into exile. The author's last name means pomegranate. The Hebrew for the expression "beautiful view" is borrowed from Psalms and refers to Jerusalem. The basic expression of Jewish faith is "Hear O Israel, the Lord our God, the Lord is One." The longing for an end to exile and return to God's presence is hinted by the phrase "a seal on your heart," taken from the Song of Songs. The pomegranate is one of the seven species of fruit special to the Land of Israel and also represents one of the emanations of God's relationship to the world. It also represents the commandments of the Torah, which is also a secret. The opening of the heavens recalls the vision of Ezekiel.

עָלַי נַפְשִׁי תִּשְׁתּוֹחָח,
וּלְעוֹלָם נִסְתָּר אֶעֱרָגָה...

וַיִּגְדַּל יְגוֹנִי וַיִּגְבַּר מִיּוֹם אֶל יוֹם;
אֶת לִבִּי אָכָל, הֶחְשִׁיךְ מְאוֹר עֵינַי, –
וָאֵדַע: נָפוֹל אֶפֹּל תַּחַת מַשָּׂא יְגוֹנִי,
וּבְצַר לִי – וְכֹחַ אֵין סְבֹל הַמַּכְאוֹבִים,
וָאֵפֶן לַמָּוֶת לְחַלְּצֵנִי מִמֵּצַר:

* * *

וָאִירָא הַחַיִּים... וָאִירָא הַמָּוֶת...
וְאָז בְּךָ, נוֹפִי, וּבְסוֹדְךָ נִזְכַּרְתִּי,
אֵלֶיךָ כָּל עוֹד נַפְשִׁי בִּי נִמְלַטְתִּי –
וּמַה זֶּה הַיָּגוֹן הַמְרַחֵף עָלֶיךָ?
הַאָמְנָם אַךְ בַּחֲלוֹם חָזָה לִבִּי סוֹדְךָ?
הֲנִדַּחְתָּה תּוּשִׁיָּה מִמֶּנִּי?
לָמָה עַתָּה אֵלַי תִּתְנַכֵּרָה?!..

עוֹדִי מְדַבֵּר – וַאֲרֻבּוֹת הַשָּׁמַיִם נִפְתָּחוּ,
מַבּוּל אוֹרָה חִוַּרְוָרָה פָּרַץ מֵרָמָה.
שְׁפִי־שְׁפִי פָּסְעָה הָאוֹרָה,
לֹא אֶרְאֵלִים, לֹא שִׁנְאַנִּים – כְּבוֹד אֱלָהּ מֵעַל
יָרַד מִזְּבוּלֵי מְרוֹמָיו.

וּפֶתַע יְגוֹנִי הַמַּר שָׁכַחְתִּי,
וָאֶכְרַע עַל בִּרְכַּי וָאֶתְפַּלָּל:
אֱלָהּ! גָּדְלוּ מַעְיְנוֹת לִבִּי – וְאֶמְאַס
בִּפְרוּרֵי־שִׁירָה,
וְצָחֵה־צָמֵא מָלֵא יֵאוּשׁ וּמְרִירוּת, עַל כָּל כִּי
פְּסַעְתִּי –
כְּפֶרֶץ יְמֵי־הוֹד הִרְגִּישָׁה נַפְשִׁי אֵין־סוֹף
הֱוָיָתְךָ

On the threshold of heaven, holiness in their mouths –
My soul stooped down,
In longing for a hidden world...

And my pain grew from day to day;
It ate my heart, darkened the light of my eyes –
And I knew: I would collapse under the burden of my
    grief,
In my sorrow – without strength to endure my pain
I will turn to death to free me from my straits...

* * *

And I will fear life... and I will fear death...
And so I remembered your secret, my vista,
All the while my soul fled to You –
So what is this agony that hovers above you?
Is it only in dreams that my heart glimpsed your secret?
Did You withdraw salvation from me?
Why do You shun me!

While I was speaking, the windows of heaven opened,
A flood of pale light broke out from high.
The light grew little by little,
Not fiery angels, but the glory of God above
Descended from the habitation of its heights.

And suddenly I forgot my bitter pain,
I fell on my knees and prayed:
Oh God! the wellsprings of my heart grew – and I will
    despise the shards of song,
Thirst full of despair and bitterness, on all my
    wanderings –

וַיִּשְׁטְפֵנִי מַרְאֵה כְּבוֹדְךָ בְּשִׁפְעַת שִׁירָה,
בְּהַבִּיטִי אַךְ אֶל קָצֵהוּ:

שַׁחֲקֵי־שֶׁפֶר טְבוּלֵי נְהָרָה, מִבֵּין
פַּרְדֵּסִים שֶׁל תְּכֵלֶת
בְּצִיצִיּוֹת רֹאשִׁי יִמְשְׁכוּנִי, וְאַמְּצוּנִי
אֶל לִבָּם הַהוֹמֶה
וְצוּף נְשִׁיקוֹתָם לִי יַעְתִּירוּ
עֲדֵי אֶגְוַע בְּמִתְקוֹ;
אַדְמַת־הוֹד עֲטוּפַת חֶסֶד,
הָאֵם הַטּוֹבָה וְרַחֲמָנִיָּה,
טֶרֶם אֶפְתָּחָה פִּי אֵלֶיהָ
תָּבִין שִׂיחִי וַהֲגִיגִי,
תְּנַטְּלֵנִי כַּחוֹתָם עַל לִבָּהּ וְנִחוּמֵי
זָהָב תָּמִיד בְּפִיהָ.

* * *

כּוֹכְבֵי לֵיל וּפִרְחֵי חֶמֶד בְּרָזֵי קֶסֶם,
מְנַעְנְעִים לֵב הָעוֹלָם בְּמַבְּטֵי תֻמָּם
כְּעַרְשׂוֹ שֶׁל תִּינוֹק,
מוֹרִידִים דְּמָעוֹת כְּבֵדוֹת מֵעֵינֵי הַהוֹזִים.
לִבִּי הַעֵר בַּיָּמִים וּבַלֵּילוֹת מִתְמוֹגֵג בְּיֹפִי זֶה

הַיּוֹרֵד עָלָיו כְּמָטָר אֵין־סוֹף
מִכֹּל קְצוֹת תֵּבֵל,
וּפֶתַח לֹא יִמְצָא לְאוֹצַר הַמִּכְמַנִּים הַשּׁוֹכֵן
קִרְבּוֹ...
קָצֶה זֶה מִכְּבוֹדְךָ, אֱלֹהַי, רָאִיתִי
וָאָבֵן:

Like a burst of sea splendor, my soul felt your endless
    existence
And the sight of your glory flooded me with song,
As I was looking all the way towards its edge:

Beautiful heavens, bathed in brightness, among
    pale blue orchards.
They pulled the tufts of my hair, and held me close to
    their longing heart
And they give me their nectar of kisses till I die
    of its sweetness;
A land of glory wrapped in kindness, a good
    and merciful mother,
Even before I open my mouth to speak, she understands my
    reflections and thoughts.
She will set me as a seal on her heart, with golden
    consolations always on her lips.

* * *

The stars of night and beautiful flowers in secret magic,
Sway the heart of the world with an innocent glance, like
    a babe's cradle,
They shed heavy tears from the eyes of visionaries.
My waking heart day and night delights in this beauty

Descending on it like infinite rain from the ends
    of the earth,
Not finding an opening to the treasures dwelling
    in it…
The borders of your glory, my God, I saw
And understood:

אַתָּה אֶחָד ... וְהַלְאָה בְּכָל הָעוֹלָמוֹת
וְהַהֲוִיּוֹת
שָׁם כְּבוֹדְךָ כֻּלּוֹ יִתְפַּשֵּׁט בִּגְדֻלָּה וְהָדָר
בִּלְתִּי מוּבָנִים לַנְּשָׁמוֹת;
קֶסֶם אֶחָד לְכָל מַרְאוֹת כְּבוֹדְךָ
הַנִּרְאִים וְהַבִּלְתִּי נִרְאִים -
בְּתִפְאֶרֶת נֶצַח הַנִּצָּחִים כָּמוֹךָ, אֱלֹהַי!

וְאֶת נִשְׁמַת הָאָדָם הַגְּדוֹלָה וְהָרוֹמֲמָה בָּרָאתָ.
כִּי חָפַצְתָּ הָאֵצֵל עָלָיו מִיַּמֵּי
רִגְשׁוֹתֶיךָ
וְלָכֵן בַּשָּׁעוֹת הַקְּדוֹשׁוֹת כֹּה תִּרְעַד, כֹּה
תִּרְעַד, נִשְׁמָתוֹ אֵלֶיךָ.
אַךְ אַתָּה זְהַב אַהֲבָה הֵרִימוֹתָ לּוֹ
מִיָּדְךָ הַגְּדוֹלָה וּרְחָבָה -
וְהוּא -
שָׂם כְּחוֹמָה נְחוּשָׁה עַל רֹאשׁוֹ -
וַיֵּצֵא הַשָּׂטָן בִּפְנֵי הַשְּׁחֹרִים וְשִׁנָּיו הַלְּבָנוֹת,
הַשּׁוֹלֵחַ לְשׁוֹנוֹ מֵאֲחוֹרֵי הַגָּדֵר שֶׁל
גַּן עֶדְנְךָ הַתֵּבֵל,
וְצוֹחֵק, וְצוֹחֵק, וְצוֹחֵק ...

★ ★ ★

וְאֵלֶיךָ אֱלֹהַי, אֱלֹהֵי הַנְּשָׁמוֹת, אֱלֹהֵי
אֱמֶת יֳפִי וְשִׁירָה,
אֶתְפַּלְּלָה:
שְׁלַח קַרְנְךָ, קֶרֶן הַזָּהָב הַגְּדוֹלָה וְהַבְּהִירָה,
אֶעֱלֶה בָּהּ כְּעַל סֻלָּם אֶל יָם הַנְּגֹהוֹת, יָם
הַיַּמִּים שֶׁל כְּבוֹדְךָ,
וּבִתְרוּעוֹת גִּיל אֲדַדֶּה בֵּין גַּלֵּי נֹעַם
וָמֶתֶק,
אֶגְמָא וְאָשִׁיר שִׁירַת הָאוֹרָה, שֶׁתְּחִלָּה אֵין
לָהּ וְלֹא סוֹף ...

You are one … and in all of the worlds and
beings,
There your honor will spread in greatness and glory
Without the souls' understanding;
One enchantment for all appearances of your glory
Seen and not seen –
In their eternal glory like You, my God!

And You created the great and exalted soul of man.
Because You wanted to bestow on him the oceans
of your emotions
Therefore at the holy times, his soul for You trembles,
trembles so.
But You raised him in golden love,
From your great and open hand –
And He –
Put it like a firm wall around his Head –
And Satan came out with a black face and white teeth,
He slid his tongue behind the fence of your
Garden of Eden
And laughs, laughs, laughs …

★ ★ ★

And to you, my God, God of the souls, God of truth,
beauty, and song,
Will I pray:
Send Your ray of gold, large and bright,
I will rise on it as a ladder to the sea of streaming light,
the sea of seas of Your honor,
And in shouts of joy I will wander through the sweet and
pleasant waves,
I will sip of light singing a song of eternal light, with no
beginning and no end …

פֶּתַע וּתְמוּנַת הַקֶּסֶם נָמוֹגָה,
וּשְׁחוֹר הַיֵּאוּשׁ שׁוּב תָּקַף לְבָבִי,
אַךְ נִשְׁמָתִי בִּי רָטְטָה, פִּרְכְּסָה,
בְּלִי הֶרֶף בִּי עָלְתָה גַּם יָרְדָה,
הִיא נוֹשְׁעָה תְּשׁוּעַת עוֹלָמִים,
וּבְבִטְחָה וְגָאוֹן אַךְ דּוֹבְבָה:
אֶחָד ... אֶחָד ... אֶחָד ...

Suddenly the enchanted picture vanished,
And blackness of despair again beset my heart,
But my soul quavered, convulsed within me,
Repeatedly it rose and descended within me,
Eternally redeemed,
Speaking in assurance and pride:
"One … one … one …"

הַשִּׁיר נִתַּן בַּכֶּלֶא   The Poem Was Imprisoned[4]

הַשִּׁיר נִתַּן בַּכֶּלֶא -
סָגְרוּ עָלָיו בַּחֲרוּזִים;
כְּבוֹא הָאָבִיב בִּקֵּשׁ דְּרוֹר,
וַאֲחַלֵּץ אוֹתוֹ מִמֵּצַר.

The poem was imprisoned –
Enclosed in rhyme;
When the spring came, it sought freedom,
So I released it from its bonds.

עוּפִי, בַּת-הַשִּׁיר,
חוּגִי בַּשָּׁמַיִם!
אֶשָּׂא אֵבֶר אַחֲרַיִךְ,
אֶדְלֶה מִתְּהוֹם יָפְיֵךְ,
וְלֹא יִרְאֵנִי זָר
בַּעֲלוֹתִי אֵלַיִךְ
וּבְשׁוּבִי אֶל תֵּבֵל אֲדָמָה.

Fly, daughter of song,
Circle in the heavens!
I will follow you,
I will draw from your profound beauty,
And no stranger will see me
When I go up to you
And upon my return to earth.

---

4   Translator's note: In Hebrew this was in 1909–1910, a year marking the transition when the poet felt his poems should be liberated from conventional rhymes and structures – the prison.

בָּאתִי אֶל הַשָּׁרוֹן...   I Came to the Sharon...

א   1.

בָּאתִי אֶל הַשָּׁרוֹן
וּבִפְרָחִים הִתְנַחַמְתִּי.
לִבִּי הוֹמֶה לִפְרָחִים,
לִבִּי עוֹרֵג לִפְרָחִים,
מֵעֵת חָלִיתִי אַהֲבָה
אֵין לִי נֹחַם
כִּי אִם בַּפְּרָחִים.

I came to the Sharon
And its flowers consoled me.
My heart longs for flowers,
My heart pines for flowers.
Since I became lovesick
I have no consolation,
Except from flowers.

ב   2.

עַל שְׂפַת הַכִּנֶּרֶת
אֶתְגַּעְגֵּעַ אֶל הַיָּם הַגָּדוֹל
מֵחוֹף הַיָּם הַגָּדוֹל
אֶכְמַהּ לַכִּנֶּרֶת:
אָהַבְתִּי הֶמְיַת הַגַּעְגּוּעִים –
עַל כֵּן יֻכָּה לִבִּי מִשְׁבָּרִים
וְיָרֹן תַּחַת צְעִיף הַחֲלוֹמוֹת.

On the shores of the Kinneret
I will long for the great sea
From the shores of the great sea
I long for the Kinneret:
I loved the murmur of yearnings –
Thus my heart was smitten with despair
And sang under a veil of dreams.

ג   3.

אָהַבְתִּי סַלְעֵי אַרְצִי
עַל הֲרָרֶיהָ.
כָּל אֶבֶן אוֹמְרָה שִׁיר.
אֲנִי עוֹלֶה מֵאַחַת אֶל אֶחָת,
וְקִרְבִּי תִּתְעוֹרֵר רִנָּה:
אֵלֶּה חָיוּ כָּמוֹתִי,
חָלְמוּ הַרְבֵּה, הִתְגַּעְגֵּעוּ, –
חֲלוֹמָם רָחַק מִבּוֹא –
וַיִּהְיוּ לַאֲבָנִים...

I loved the rocks of my land
On its mountains.
Each stone sings a song.
I go up from one to another,
And inside I stir with glad song:
They lived like me,
They dreamed much, they yearned –
Their dream was long in coming –
And they became stones...

ד

עַל קִבְרוֹת הַקְּדוֹשִׁים
אֶתְפַּלֵּל,
אֲאֶהָבֵם כִּשְׂדוֹת הַפְּרָחִים
בָּם הֵם טְמוּנִים.
וַאֲנִי מִתְפַּלֵּל לָאֱמוּנָה,
לָאַהֲבָה.
לִבִּי לִשְׁתֵּיהֶן
כְּאֶחָת...

4.

On the graves of the holy ones
I will pray.
I will love them like the fields of flowers
In which they are hidden...
And I pray for faith,
For love.
My heart relates to them
As one...

ה

אָהַבְתִּי פְּגשׁ עֶדְרֵי־צֹאן
עַל דַּרְכִּי
וּשְׁמֹעַ זַעֲקָתָם:
מֶה?! מֶה?!..
וּפְנֵיהֶם כִּקְרִיאָתָם:
מֶה?! מֶה?!..
וְהָעוֹלָם תְּמִיהָה אַחַת אִתָּם:
מֶה?! מֶה?!..

5.

I loved to greet the flocks of sheep
On my path
And hear their bleating:
"Meh[5]?! Meh?!"
And their faces like their cry:
"Meh?! Meh?!"
And the world at one with them in wonder:
"Meh?! Meh?!"

ו

רָאִיתִי הַלְּבָנוֹן בְּשַׁלְגּוֹ וְאִשּׁוֹ,
וָאֶתְמַהּ לַמַּרְאֶה:
גַּם זֶה לִבִּי מָלֵא שֶׁמֶשׁ וּכְפוֹר.
נִלְחֲמוּ, וַיַּשְׁלִימוּ -
וּשְׁנֵיהֶם לֵאלֹהִים...

6.

I saw Lebanon in snow and fire,
And marveled at the sight:
My heart too is full of sun and frost.
They fought and reconciled –
And both of them were God's...

---

5   *Meh* – In Hebrew this sound is like the word "what?"

נְטֹף, הַלַּיְלָה, פָּז ...   Drip Gold, O Night...⁶

נְטֹף, הַלַּיְלָה, פָּז,
אֵרָדֵם תַּחַת הַתַּפּוּחַ,
אֶחְלֹם אַהֲבָה ...

אֶל חֵיקִי תָּבוֹאִי.
הִכַּרְתִּיךְ, הִכַּרְתְּנִי,
לִינִי פֹּה, לִינִי אִתִּי,
כִּי פָּדוּךְ רַחֲמָי!..

Drip gold, O night,
I will sleep under the apple tree,
Dream of love ...

Come to my side.
I knew You, You knew me,
Stay here, stay with me,
For my mercy redeemed you!

---

6   Translator's note: The apple tree is a sign of the love of God for Israel, and the love of the Jews for each other in Egypt, as it says in Ezekiel, "Under the apple tree I aroused you."

אֵלִי, אֲהַבְתִּיךָ ...   My God, I Loved You...[7]

אֵלִי, אֲהַבְתִּיךָ עַד כְּלוֹת נֶפֶשׁ וְאַחֲרֶיהָ.
רַגְלַי בָּצְקָה מִנְּדוּדִים, רֹאשִׁי רֵיק מֵעֹנִי,
אֵלְכָה אַחֲרֶיךָ עַל כָּל שְׁבִיל לְקוֹלְךָ,
סוֹדְךָ כָּמוּס עִמִּי, אֵשׁ אַהֲבָתְךָ תְּלַהֲטֵנִי -
וַאֲסַפֵּר יָמִים, וַאֲמַנֶּה זְמַנִּים לְתִקְוָה -
וְהִיא עֵדֶן לֹא בָּאָה.
דְּרוֹר לְנַפְשִׁי לֹא קָרָא, רְמָזְךָ לֹא בָּא,
עַתָּה אָמוּת, אֶכְלֶה בְּגַעְגּוּעָי.

My God, I loved You, till my soul was consumed, and
     beyond.
My legs swollen from wandering, poverty emptying my
     head,
I will follow Your voice down every path,
Your secret concealed with me, the fire of Your love ignites me
     –
I will count the days and number the times for hope –
And delight is long in coming.
No freedom called for my soul, Your hint did not come,
Now I will die, consumed by my longing.

---

7   Translator's note: One of the miracles God performed for the Jews in the Sinai desert is that for forty years their legs did not swell from all their wandering. The poet awaits a similar miracle.

אֲנִי מֶלֶךְ מָט לִנְפֹּל ...

I Am a King Starting to Fall...

אֲנִי מֶלֶךְ מָט לִנְפֹּל וְכִתְרִי
נָפוּץ עַל רֹאשִׁי.
יַדֹּם כִּנּוֹר-קְסָמַי וְאָבָק לֹא כִּסָּהוּ.
אָצִיץ אֶל הָרְחוֹבוֹת, אָבוֹא אֶל הַשְּׁוָקִים,
לֹא חוֹלֵם חֲלוֹם אֲנִי - תֵּבֵל עָלַי נִסְגְּרָה

I am a king starting to fall, and my crown is too wide
    for my head.
My magical violin is silent, the dust did not cover it.
I peered onto the streets; I came to the market places,
I am not a dreamer of dreams – the world closed around me.

דִּמְעָה זָרָה לִי וְאֵין עֶצֶב לְנַפְשִׁי,
תַּחַת מַשּׂוּאוֹת הָאוֹרָה אֲנִי נוֹפֵל;
לִבִּי שׁוֹאֵג פָּצוּעַ וְעַל שְׁלוֹמָיו שׁוֹקֵט,
בְּגֵדֶל כְּאֵב וּבְשֶׁטֶף נַחַת גּוֹוֵעַ.

Tears are strange to me, and my soul is not sad,
Under flares of light I fall;
My heart roars wounded and is silent,
Perishing with a torrent of pain and a flood of pleasure.

רַק זוֹ, בִּגְאוֹן עֵינָהּ הֶחֱלַתְנִי,
וּתְשַׂחֵק לְרַפְּאֵנִי כְּאֵם וּכְאָחוֹת, -
הִיא תָּבִיא לִי בִּלְחָיֶיהָ,
וְכֹל בָּהּ יֶהְדְּפֵנִי אֶל חֶזְיוֹן-הָאַגָּדָה ...

Only she, with her proud eyes that make me ill,
And feign to cure me like a mother or sister –
She will offer me her cheek,
And her entire being impels me to the legendary vision...

הַלַּיְלָה אֲנִי נִבְדָּל לְנַפְשִׁי...

א

הַלַּיְלָה אֲנִי נִבְדָּל לְנַפְשִׁי, אֵין דָּבָר לִי עִם
אִישׁ,
כִּי שׁוֹרָה הַשְּׁכִינָה עָלַי כֹּל;
אֶעֱגַם עִם כָּל עֵץ, אֶהְגֶּה כָּעוֹרֵב,
לִבִּי אֻמְלָל, רַק אֲשֶׁרוֹ־עִצְבּוֹ
יַחֲנוּ.

הַלַּיְלָה אֲנִי נִבְדָּל לְנַפְשִׁי, אֵין לִי אָח וְאָחוֹת;
אֶהְגֶּה כְּיוֹנָה בּוֹדֵדָה בְּעַרְפִלֵּי לַיְלָה;
שִׁירִי דּוּמִיָּה, דּוּמִיַּת יָם־מָוֶת...

ב

לֵךְ בֵּיתָה, בְּנִי, הִתְיַחֵד עִם הָעֶרֶב;
כֻּתָּנְתְּךָ פַּסִּים, כֻּתָּנְתְּךָ אוֹרִים,
פָּחַדְתִּי עָגְמָתְךָ לְיָמִים;
לֵךְ בֵּיתָה, בְּנִי.

ג

אֵין שָׁלוֹם לִי הַלַּיְלָה, אַזִּיל דִּמְעוֹתַי כַּנָּהָר,
אָמַרְתִּי נִרְפְּאוּ פְצָעַי - וְלֹא
נִרְפָּאוּ,
אֲהוּבָתִי לָבְשָׁה שָׁנִי עִם עֲדָנִים, -
חָמְקָה כַּלַּיְלָה,
לֹא הֶעֱגִימַתְנִי וְלֹא הִצְהִילַתְנִי, -
הַלַּיְלָה אָמוּת!..

Tonight My Soul Is Apart...

1.

Tonight my soul is apart, no contact with
    people,
Because God's presence is over all;
I will grieve with every tree, utter sounds like a raven,
My heart is miserable, only its bitter sweetness will
    bring it rest.

Tonight my soul is separated, I have no brother or sister;
I meditate like a lone dove in the mists of night;
My song is silence, the silence of the sea of death...

2.

Go home, my son; unite with the evening;
Your coat is striped, your coat is of lights,
I feared your sadness for days;
Go home, my son.

3.

I have no peace tonight; I will weep tears like a river,
I thought my wounds would be healed – and they
    were not healed,
My love wore red with trimmings,
        She glided away like night,
She made me neither sad nor happy –
        I will die tonight!

ד

אָמַרְתִּי יוֹמִי קַן־אֲהָבִים - אֵי יוֹנָתִי?
הֲפָרְחָה לָהּ וְלֹא תִגָּלֶה?
כְּנָפָהּ וֶרֶד, עֵינָהּ פַּז־שְׁקִיעָה -
וְלֹא תִהְיֶה לִי?

חָסְמוּ עָלֶיהָ שְׁבִילֵי בִּירָה,
נִסְתְּרָה בָּאַרְמוֹן;
חַנָּה! - חַנָּה! - חַנָּה!..
דּוּמִיָּה לַלַּיְלָה, לֹא חֲלוֹם לוֹ …

ה

אֶקְרַע כֻּתָּנְתִּי, אֶתְגּוֹלְלָה בֶּעָפָר,
שִׁגְעוֹנִי - אָשְׁרִי, שִׁגְעוֹנִי - אָסוֹנִי,
לֹא בֶן אִישׁ לְרוּחִי,
לֹא שַׂחְתִּי לְאִישׁ עִצְּבוֹנִי.
שִׂמְלַת עַלְמָה הָיְתָה לִי קֶסֶם־דְּרָבִים,
חָמְקָה כַּלַּיְלָה, דָּמִיתִי כַּלַּיְלָה.

ו

תְּנוּ לִי יַיִן, מִסְכוּ לִי שֵׁכָר,
כִּי אָבָדְתִּי.
מַזָּלִי בְּעִקְּבוֹת סַהַר נֶעְלָם;
תְּנוּ לִי -
וְאֹבַד!

4.

I thought of my days like a nest of love – where is my dove?
Did she fly away not to be found?
Her wing is colored rose, her eye a golden sunset –
And will she not be mine?

The paths of the capital are blocked to her,
She is hidden in the palace;
Hanna! – Hanna! – Hanna!..
The silence of the night, it is no dream …

5.

I will tear my coat, I will roll it in the dust,
My madness – is my happiness, my madness – my
    downfall,
No one understands my spirit,
I spoke with no one about my sadness.
A maiden's dress was magical to me,
She slipped away like the night, I was as quiet as night.

6.

Give me wine, pour me drink,
For I am lost.
My fate follows a lost crescent moon;
Give me –
And I'll be lost!

מֵחֶזְיוֹנוֹת אַרְצִי   From Visions of My Land[8]

הָהּ, שׁוּר לְיָפִי!	Behold, see the beauty!
אָפְקֵי־שְׁחָקִים דּוֹלְקִים יוֹמָם וָלַיְלָה	Horizons of the heavens blaze day and night
בְּזַהֲרֵי־אוֹר,	With streaks of light,
חַמָּה מִתְהַלְּכָה בִּרְחָבֵיהֶם	The sun walks in their spaces
אֲסִירַת הוֹד־מַלְכוּתָהּ,	A prisoner of Glory and Kingship,
וּלְבָנַת לַיְלָה מִתְמוֹגֶגֶת בְּקִסְמֶיהָ.	The night moon is delighted with its enchantments.

עֲלֵה הָהָר   Go up to the mountain
וּשְׁמַע שִׁירַת אֲבָנִים   And hear the stones' song
תַּחַת הוֹד לְבָנוֹן־הַקַּדּוּמִים,   Under the glory of ancient Lebanon,
רֵד לַבִּקְעָה   Descend to the valley
וּרְאֵה עֵצִים הֲדוּרֵי־מַרְאֶה   See the glorious trees
וּשְׂדוֹת־פְּרָחִים בְּרִשְׁתוֹת קְסָמִים.   And the meadows of flowers in filaments of wonder.
אֱלֹהִים יָרַד בְּאוֹר, אֱלֹהִים יָרַד בְּחָזוֹן.   God came down in light; God came down in a vision.

וְאָרַח מֵרָחוֹק אֶת רֵיחַ הַלְּבָנוֹן,   And I will catch from afar the scent of Lebanon,
וְאָבוֹא לִשְׁאֹף דְּרוֹר,   And I will go there to breath in freedom,
מְקוֹם שָׁמָּה שָׁאֲפָה דְּרוֹר   A place which soars toward freedom
וּתְרוּעַת הָרִים   And shouts of the mountains
אֻמָּתִי לִי, אֻמַּת־נְצָחִים   My people, the people of eternity
אֶל חֲלוֹמוֹת נְעוּרַי, גִּיל יָמַי   To the dreams of my youth, the joy of my days
וְתִקְוַת־עֲתִידִי   and my future hope
הֱבִיאַנִי מֵאַרְצוֹת מְרוּדֵי עַמִּי   He brought me from the lands of my embittered people
אֶל גְּבוּל הַלְּבָנוֹן,   To the border of Lebanon
וָאֶשְׁתְּ מִזָּהֳרוֹ יָמִים רַבִּים.   To drink of its splendor for many days.

---

8   Translator's note: "Lebanon" can refer both to the northern area of biblical Israel and to the Holy Temple in Jerusalem. When an offering was brought to the Temple, sometimes the lions of fire would descend from heaven to consume the sacrifice. The prophet Zechariah refers to a time that is neither day nor night that precedes the Redemption.

עָלִיתִי הַרְרֵי סְלָעִים,
שְׁטוּפִים בְּאוֹר־יָהּ,
עַל שְׁבִילֵי שָׂדוֹת רְחוֹקִים
לְמַשֶּׁק כַּנְפֵי כְרוּבִים הִתְהַלָּכְתִּי.
בַּלַּיְלָה הִתְעַנִּי לִבִּי עַל מֶרְחַקֵּי־הָרִים,
וָאֶשְׁאַב לְאוֹר כּוֹכָבִים רְחוֹקִים סוֹד
וּסְתָרִים,
וְגַם בַּיּוֹם לֹא נָח, קְרָאַנִי מִשְּׁבִיל אֶל
שְׁבִיל,
מִדֶּרֶךְ אֶל דֶּרֶךְ,
וַאֲנִי אַחֲרָיו הָלָכְתִּי.
אֱלֹהִים יָרַד עָלַי בְּשִׁיר, אֱלֹהִים יָרַד עָלַי
בְּחָזוֹן.
וָאֵרֶא אֲרִי־זֹהַר בְּמִדְבַּר־יָהּ
שֶׁל קְסָמִים וּנְגֹהוֹת,
וְרַעֲמָתוֹ אֵימַת־זֹהַר.
וְשַׁאֲגָתוֹ שַׁאֲגַת דְּרוֹר וָזֹהַר,
מִתְגַּלְגֶּלֶת בְּפַחֲדֵי אֱלֹהֵי הַזֹּהַר
עַל מֶרְחֲבֵי אָרֶץ:
אַיֵּם הַגִּבּוֹרִים, גִּבּוֹרֵי עָם,
אֲשֶׁר שָׁתָה דְרוֹר עַל אֶרֶץ־לְבָנוֹן?
וְאֵי־נֶשֶׁק עָם, וְאֵי קוֹל
הָאַרְיֵה
לְהַרְעִים חַלֵּל־יָהּ עַל פְּדוּת־עָם
וּדְרוֹרוֹ,
לַהֲרֹס וְלִבְנוֹת, וְלֹא תֶאֱבַל אֶרֶץ
עַל שְׁמָמוֹתֶיהָ?
עַד מָתַי יֵבְךְּ עַם־לְבָנוֹן
עַל אֲרָצוֹת זָרִים,
לֹא יוֹם לוֹ וְלֹא לַיְלָה,
וְדָמוֹ הֻפְקַר כְּדַם הַצְּבִי, וְאֵין קֵץ
לְשִׁבְרוֹ?
בַּחֲלוֹם תֵּבֵל גְּאֻלָּתָהּ הוּא יְאַחֲרֶנָּה.

I went up to the mountains of rocks,
Flooded with God's light,
On the paths of distant fields
I walked to the flapping wings of the cherubim.
At night my heart suffered for the distant mountains,
And I drew secrets from the light of the distant
    stars,
And by day He did not rest, He called me from path to
    path,
From road to road,
And I walked after Him.
God descended to me in a song, God descended to me
    in a vision.
And I saw a lion of light in God's wilderness
Of magical lights
With a fearful, radiant mane.
And his roar was of freedom and radiance,
Sending out the fear of the God of radiance
To the ends of the earth;
Where are the mighty ones, the mighty ones of the nation,
Who drank freedom in the land of Lebanon?
And where are the weapons of the nation, the voice
    of the lion
Thundering hallelujah for the people's freedom and
    redemption,
To destroy and to build, and the earth not mourn
    its destruction?
For how long will the people of Lebanon weep
    for foreign lands,
Where it is neither day nor night,
And their blood cast out like the blood of a deer, and no
    end to it?
In a dream of the world its redemption is delayed.

וְהוּא חֲזוֹן עַמִּים, אֵשׁ
סִינַי בִּלְבָבוֹ,
קִסְמֵי־אֱלֹהִים אַדִּירִים,
וַיִּרְחַק כָּל חָזוֹן מִמֶּנּוּ,
נָדַם שִׁירוֹ אֱמֶת
וְלֹא אוֹר עַל שְׁבִילֵי יָמָיו...
אָנָה יוֹלִיךְ חֶרְפָּתוֹ אִם לֹא יִבְנֶה
עֵת יָכֹל לִבְנוֹת?...

And this is the vision of my people, the fire of Sinai at its
    innermost heart,
Sparks of mighty God,
Though all prophecies are far away,
And the songs of truth fall silent
And there is no light on the paths of its days...
Where will it lead its shame if it doesn't build
At a time when it can build?

הֵלֶךְ, הֵלֶךְ, בּוֹא ... / Wanderer, Wanderer, Come ... [9]

הֵלֶךְ, הֵלֶךְ, בּוֹא, אַל תַּעֲמֹד
רְכַב עַל הַחֲמוֹר אוֹ רֵד בָּעֲנָנִים!
נִקְרָא בְּקִמְטֶיךָ נַעַר,
עֲלִיצוּת יָמִים בָּאִים, הוֹד לְבָנוֹן.
יְרוּשָׁלַיִם יָפָה, חֲמוּדָה,
תִּרְצָה גַם הִיא נָאוָה!
סוֹד עַל אֲפָקִי, נֵזֶר עַל אֲפָקִי,
בּוֹא, בּוֹא מַהֵר, הֵלֶךְ, וּמְלֹךְ!
כְּתָבְךָ אִתְּךָ.
בּוֹא נָא מַהֵר,
רְכַב עַל הַחֲמוֹר אוֹ רֵד בָּעֲנָנִים,
לְבַשׁ לְבוּשׁ מַלְכוּת, עָלֶיךָ נִשְׁתּוֹמֵם,
פְּלָאִים נִקְרָא עַל פָּנֶיךָ ...
דָּוִד, צֶמַח, עֲלֵה בְּהֵלֶךְ, הַמָּשִׁיחַ!

Wanderer, wanderer, do not stand aloof, come
Ride a donkey or descend from clouds!
In your wrinkles of youth we'll see
Cheer of the days to come, the glory of Lebanon.
Jerusalem, beautiful and beloved,
Desired and lovely too!
Secret on my horizon, a crown on my horizon,
Come quickly here, wanderer, rule!
Your decree is in your hand.
Please come, quickly,
Riding on a donkey or descending in clouds,
Don your kingly garments, for we will be amazed by you
Read wonders on your face ...
David, Tzemach, Messiah, come!

---

9 Translator's note: the Messiah, or *Moshiach*, the ultimate redeemer of the Jewish people, will be a descendant of King David. One of his names is Tzemach. Depending on the merits of the Jewish people, he will come simply on a donkey, or miraculous events will bring about his coming.

Dying

1.

My song was lost with the days,
My crown fell, profaned, dimmed;
Now I wander at the gates –
No peace was kept for me.

Can beauty unite with the edges
Of the sky, does light pour forth?
"I did not see your scepter there" –
Said my heart, falling mute.

And I conceived from dawn
Till night, and my sorrow grew;
Darkness swirled around my head
Black lament – where is the freedom of my days?

2.

It is cold today, the wind afflicts the flesh,
If the sky will not attain its colors –
I will grow faint.
If my distant dream will not come back to life –
I will perish.
Grappling with the desire for days,
I am crazed with false visions.
Why should I be severed?

3.

There is a hope greater than hope,
And that hope has wings,
And I knew it.

הֲמִית

א

שִׁירִי אָבַד עִם הַיָּמִים,
כִּתְרִי נָפַל, חֻלַּל, עֻמַּם;
תּוֹהֶה אֶתַע עַל הַשְּׁעָרִים –
לֹא שֻׁמַּר לִי שָׁלוֹם.

הֲמִתְהַלֵּךְ יְפִי בִּפְאַת
שְׁחָקִים, הֲנֹגַהּ יִשָּׁפֵךְ?
"לֹא שַׁרְבִיטְךָ שָׁם רָאִיתִי" –
אָמַר לִבִּי וַיֵּאָלֵם.

וַאֲנִי הָרִיתִי מִשַּׁחַר
עַד עֶרֶב, גַּם גָּדַל עָצְבִּי;
אֲפֵלָה רָקְמָה עֲלֵי רֹאשִׁי
קִינָה שְׁחֹרָה – אֵי דְּרוֹר יוֹמִי?

ב

קַר הַיּוֹם, הָרוּחַ מְאַמְלֵל אֶת הַבָּשָׂר,
אִם לֹא יִגַּהּ הַשַּׁחַק עִם צְבָעָיו –
אֶתְעַלָּף.
חֲלוֹמִי הַנִּדָּח אִם לֹא יָשׁוּב יֶחִי –
אֶגְוָעָה.
נִפְתַּלְתִּי עִם תַּאֲוַת הַיָּמִים,
וּמְשֻׁגָּע אֲנִי מִשִּׁקְרֵי חָזוֹן.
לָמָּה אֶכָּרֵת?

ג

מֵעַל לַתִּקְוָה תִּקְוָה יֵשׁ,
וּכְנָפַיִם לָהּ,
וַאֲנִי יְדַעְתִּיהָ.

· 24 ·

רַק עַתָּה אֲחָרֵק שֵׁן,
כִּי עָיַפְתִּי מֵהַאֲמִין.
בַּלְהוֹתַי סְבִיבִי,
וְאֵין מִפְלָט לִי –

Only now will I gnash my teeth,
Because I am too tired to believe.
Nightmares surround me,
With no escape for me –

ד

רַנְּנוּ, בְּנוֹת־שִׁיר, לִי:
אֶל קִבְרוֹ יִפֹּל אָדָם
וְאִם חָזוֹן לוֹ;
שֻׁלַּל זִיווֹ,
יוֹמוֹ עֻמַּם,
וּמַה הוֹד אִם חָזָה?

4.

Sing, daughters of poetry, for me;
Into his grave a man will fall
And if he has a vision.
His splendor will be revoked,
His days dimmed –
So what glory his vision?

הַצֶּמַח אָהַב...

הַצֶּמַח אָהַב
בְּלֵיל יָרֵחַ־פְּלָאִים
עֵת נִגַּר אוֹר־זָהָב מִמַּעַל
וְגַם פָּנָיו שָׁפְרוּ לְאוֹר הַכֹּל.
רָאָה עַלְמָה בְּקִרְבָתוֹ,
שׂוֹחֵחַ אִתָּהּ אֲהָבִים:
"הֲיָדַעַתְּ כִּי אֲהַבְתִּיךְ
כִּי אֶכְאַב לְמַרְאַיִךְ?" -
וַיִּלְכְּדָהּ בְּתַאֲוָתוֹ,
וְגַם לַשְּׁנִיָּה אָמַר כָּכָה,
וְגַם לַשְּׁלִישִׁית.
וּבְעָגְבוֹ עֲלֵיהֶן יֵבְךְּ:
אָבִינוּ שַׁחַק וְאִמֵּנוּ הָאֲדָמָה,
תְּאוֹמִים אָנוּ צִמְחֵי הָאֲדָמָה,
כְּאֶבְרֵי הָאָדָם כֵּן אֲבָרֵינוּ,
וְכָל הָאָרֶץ בָּנוּ מִשְׁתַּקֶּפֶת -
מִי מִכֵּן לִי וּמִי לַחֲבֵרַי
אָחוֹת רְעִיָּה? בַּל יָדַעְתִּי.
אָמַרְתִּי יֵשׁ הָאַחַת לְאֶחָד,
וְיֵשׁ הָאַחַת לַכֹּל,
וְדָבָר וְהִפּוּכוֹ בְּכָל עִנְיָן...
וְיֵשׁ זַכְרוּת בְּנַקְבוּת,
וְנַקְבוּת בְּתוֹךְ זַכְרוּת...
לוּ יָדַע הָאָדָם כִּי כָּמוֹנוּ
יֶעְגַּב בְּרוּחוֹ עַל כָּל בְּנוֹת־חַוָּה,
וְסָמַר בְּשָׂרוֹ מִפַּחַד ...
חֹק הוּא בְּטֶבַע חַיֵּי שֻׁתָּפוּת,
וְגַם הַכְּרוּב יִחְיֶה כָּכָה,
וְכָל גַּרְגַּר חוֹל ...
גַּם קוֹל לַצֶּמַח וְלִשׁוֹנוֹ אִתּוֹ
וּבְדַבְּרוֹ יְדַבֵּר אֶל כָּל הַהֲוָיָה.

The Plant Loved...

The plant loved
On the night of the wondrous moon
The time of golden light flowed down from above,
And its face shone in reflected light.
He saw a maiden near him,
He spoke to her of love;
"Did You know that I love you,
That I ache at your appearance?" –
And he conquered her with his desire,
And to the second one he said this too,
And to the third also.
And in his lust for them he wept:
"Our father is the sky and our mother is the earth,
We are twins, plants of the earth,
Like the limbs of a man are our limbs,
And all the earth is reflected in us" –
Who will be a sister, a wife to me
And who for my friends? I did not know.
I said there is one woman for one man,
And a woman for all,
And a thing and its opposite in every case...
And there is masculinity in femininity,
And femininity in masculinity...
If a man would know that like us
His spirit would lust for all daughters of Eve.
And his hair would bristle with fear...
It's a law in the nature of shared lives,
And the cherub would also live like this,
And every grain of sand...
There is a voice for the plant, and its language too
And what it says speaks to all Being.

טֶרֶם אָכַל אָדָם מֵעֵץ הַדַּעַת,
טֶרֶם נָפְלָה תֵּבֵל לְמוֹקְשִׁים
הָיְתָה הַחֶמְדָּה שַׁלֶּטֶת בְּלִי עָווֹן,
בְּרִית־אֵל הוּא אֶת הָאָדָם,
לִפְדּוֹתוֹ מֵעוֹלָם־כֶּלֶא, לַהֲשִׁיבוֹ
לְגַן־עֵדֶנוּ,
לִצְמֹחַ לְפָנָיו וְלִחְיוֹת סֶלָה.

Before man ate from the Tree of Knowledge,
Before the world stumbled
Desire ruled without sin,
The covenant of God with man,
To release him from the pit, to return him to the
    Garden of Eden,
To grow like a plant before him and live in exaltation.

From the Book of Visionaries

מִסֵּפֶר הַחוֹזִים

פְּרֹשׁ שַׁחַר אֶת נְגֹהוֹתֶיךָ, עֲלֵה עַל שׁוּר
שְׁחָקִים וְהַדְלֵק יוֹמִי.
הַתֵּר שִׁירִי, יָמִים הִתִּירוּהוּ וַאֲנִי
מַה חֲמַדְתִּיו!
עַל חֵזֶה הַנְּבִיאִים אֶרְהַב, אֶעֱשִׁיר:
הֶמְיַת אָדָם מֵרָחוֹק אֵלִי עָלְתָה אַהֲבָה,
צָמֵא יִצְמָא אֶל חֲזוֹן אֱלֹהַי וְלִדְבָרוֹ.
כַּנְפֵי לְאֻמִּים סָבִיב כַּנְפֵי לְאֻמִּי יְרַחֵפוּן,
תְּבַקֵּשְׁנָה רַחֲמִים וָאוֹר:
הֲלֹא רֹאשׁ לְאֻמִּים אַתָּה, חָצַבְתָּ
מֵרֵאשִׁית הוֹד שְׁחָקִים,
חוֹמַת עוֹלָם עַתָּה הָרְעוּעָה כִּי תִּפֹּל,
וְתַרְבּוּת אִתָּהּ;
הֲלֹא יַעֲלֶה עָלֶיךָ הוֹד, תַּחֲמֹס גֶּפֶן שְׁחָקִים,
פְּרִי אוֹר וּדְרוֹר;
לַפִּיד הַחוֹזִים עַל פָּנֶיךָ יְלַהֵט אֵימָה,
רַעְיוֹנְךָ כְּפִיר,
וְעַל מְלֹא רַחֲבֵי עוֹלָם שֵׁנִית
יִצְנַח מַבָּטְךָ! -
הַב דְּרוֹר לָנוּ, תֵּן אוֹר לָנוּ, אֹמֶר אֲשֶׁר
נַקְשִׁיבוּ וְנֵדְעָה!
תֵּן שְׁבִיל לָנוּ אֵלֶיךָ, כִּי לֹא נִפָּלֵג עוֹד,
וְלִבֵּנוּ אֱמוּנָה!
עֲלֵה שִׁמְשִׁי-כִּתְרִי יָהּ-אוֹר, שְׁבֹר הוֹדְךָ
עַל אַרְמוֹנִי,
עֲלֵה עַמִּי, חֲשֹׂף רוּחֲךָ, כָּל נֶפֶשׁ מִגְדָּל-
עוֹלָם כִּי תִּרְהַב;
אָנוּ אָנוּ בְּיָהּ נִבְנֶה, וּבְאַהֲבַת אָדָם
לֹא נִבְגֹּד!
נַלְהִיב תּוֹרָה מֵעַל לַלְאֻמִּים, כָּל בּוֹנֶה
אֱלֹהִים עִמּוֹ!

Dawn, spread your lights, climb the wall of the sky, light
  up my days.
Release my song, the days have released it, and O, how
  I desired it!
In the lap of the prophets, I will flourish, I will be enriched:
Man's murmuring from far off brought me love,
He thirsted for a vision of my God and for His word
The wings of nations circle around the wings of my nation,
Seeking mercy and light:
For You are the head of the nations, from the outset You
  carved the splendor of the heavens
The wall of the world is unsteady now, ready to fall,
  its culture with it;
Glory will rise unto you, the vine unto the heavens, the
  fruit of light and freedom;
The fire of visionaries will set fear ablaze on your face.
Your idea is a young lion,
And at the fullness of the world's expanse You once again
  will lower your gaze!
Lend us freedom, give us light, a word that we can listen
  to and know!
Give us a path to you, so we will not be parted again, and
  our hearts full of faith!
Rise up, my crown of sun and light, spread your glory
  over my palace,
Go up, my people, show your spirit, every soul is a tower of
  the world when it expands;
We build with God, and the love of man will not lead us
  to betray!
We will shine the Torah above the nations; God will be
  with every builder!

אַךְ דָּם לֹא יִשָּׁפֵךְ, לֹא יִגַּר אָרְצָה, וּתְרוּעַת
קְרָב מֵאֹהֶל לֹא תִשָּׁמַע!
דַּעַת תַּכְתִּיר אָדָם, אֲשֶׁר לְאֻמִּים בַּתְּבוּנָה,
עֲלֵה אֶל אֱמֶת הָאָדָם,
אַחִים אֲנַחְנוּ מִבֶּטֶן, חוֹתָם אֱלֹהִים אַהֲבָה!

Only let there be no bloodshed, let it not spill on the land,
    nor war's trumpet blast heard from the tents!
Crown man with knowledge, gladden nations with
    wisdom,
Rise up to man's truth,
We are brothers from the womb; the seal of God is love!

Revelation Will Not Rest...

לֹא יִתָּפֵשׂ הֶחָזוֹן...

1.

א

לֹא יִתָּפֵשׂ הֶחָזוֹן לַחוֹזֶה כָּל יוֹם,
בְּעָמָל יִדְלֶנּוּ מִתְּהוֹם יָמִים רַבִּים.
תַּחַת רְקִיעַ הַתְּכֵלֶת וְאַבְנֵי־הַשָּׂדֶה
הִסְתַּתָּר,
שָׁקַל זְהָבוֹ מִשָּׁעָה לְשָׁעָה,
שְׁמָרוֹ לַאֲשֶׁר רָאוּי לוֹ.
יָצָאתִי אֲנִי דַל לִקְרָאתוֹ,
אָמַרְתִּי לוֹ: תְּנֵהוּ לִי,
כִּי עָגַמְתִּי לוֹ יָמִים רַבִּים,
וַיִּשְׁקֹל הַזָּהָב עַל יָדִי.

Revelation will not rest on a prophet every day,
He will toil to draw it from the well of many days.
Under the pale blue firmament and stones of the field
It was hiding.
He weighs his gold from time to time,
He guards it for someone befitting.
I went impoverished to greet Him,
I said to Him, "Give it to me,
For I have longed for it many days,
To weigh out the gold in my hands."

2.

ב

בְּנִשְׁפֵּי־לֵילוֹת הֶעֱמַקְתִּי מַחֲשָׁבָה,
בְּשׁוּק הַסּוֹחֲרִים חִפַּשְׂתִּי
מַשָּׂא נַפְשִׁי;
מַה לִּי רֵאשִׁית יְצִירָה וּמַה לִּי אַחֲרִיתָהּ!...
הַחֲלוֹם יָעוּף, חֲלוֹם הַנְּעוּרִים
בִּלְהָבִים עָלָה...
לֹא אֶרְדְּפֵהוּ, גֶּבֶר בְּגוּבְרִין אֲנִי,
אֲחַפֵּשׂ מִשְׁקַל זְהָבִי
אֲשֶׁר עֲזַבְתִּי יוֹם יוֹם;
שִׁקְלוּהוּ עַל יָדִי,
אֲנִי בַּעַל־הֶחָזוֹן!...

In the dark of night I plumbed my thoughts,
In the market of merchants I sought
The burden of my soul;
What is the beginning of creativity to me, and what its end!
The dream will take flight, my youthful dream
Went up in flames...
I will not pursue it, I am a man among men.
I will search for the weight of my gold
Which I left behind every day;
Weigh it for me,
I am a visionary!

3.

ג

לֹא מֵתָה הָאַהֲבָה,
לֹא תִּתַּם הָאַהֲבָה,
עַלְמָתִי לֹא נִזְדַּקְנָה,
חֲבַצֶּלֶת־פְּלָאִים הִיא,
הַמְשַׂגְשֶׂגֶת לְיָמִים רַבִּים...

Love did not die,
Love will not end,
My maiden did not grow old,
She is a wondrous lily,
Thriving for many days...

אִם נִרְדַּמְתִּי –	If I slumbered –
כִּנּוֹר יְנַגֵּן בִּי,	A violin would play in me;
אִם דָּמִיתִי –	If I imagined –
תַּחַת מִבְחַר פְּלָאִים	Under the choicest of wonders,
כִּתְהוֹם אֶרְגַּע...	I would rest like the depths…

הַפְּרָחִים נוֹבְלִים עֲלֵי דְרָכִים... | Flowers Wither on the Roads... [10]

הַפְּרָחִים נוֹבְלִים עֲלֵי דְרָכִים.
שָׂדוֹת שָׁמֵמוּ, כְּרָמִים עָגְמוּ.
לַפִּיד הָיָה אֶת הַיָּמִים, גַּם עֲשָׁנוֹ עָבָר.
קַרְנֵי רֹאשִׁי פָּרְצוּ שְׁחָקִים, הֵן
    גֻּדָּעוּ.
רָדַפְתִּי אַחֲרֵי צְבִי בְּעֵת פַּחְדִּי,
    וָאֶתָּפֵשׂ בְּיַד אוֹיֵב, וָאֶחֳלָל.
מַה לִּי רֵיחַ יָמִים ־, בִּשְׂמֵי שָׂדַי
    אֵינָם!
מַה לִּי נְגִינוֹת לַיְלָה - פַּעֲמֵי חֶזְיוֹנַי
    חָדֵלוּ!
אִם אֹמַר גָּבַרְתִּי אוֹר,
    לֹא יַאֲמִינוּ.
אִם אֹמַר שִׁיר עֲנָקִים לִי, לִי יִלְעָגוּ,
אֲהָבַנִי יָהּ, וּבְמְשׁוּבָתוֹ פָּרַץ גְּדָרִי.
מִדְבַּר אֶרֶץ אֲהַלֵּךְ, סוּת מֶשִׁיִּי
    עָלַי נָבֵלָה.
אִם גַּם יִגַּע לִי כִּתְרִי מֵרָחוֹק -
    בּוֹדֵד, נִרְדָּף אָנִי...

Flowers wither on the roads.

Fields are desolate; the vineyards fading.

The days are aflame, the smoke has passed.

Sparks from my head pierced the heavens,
    and were severed.

I chased a deer at the time of my fear,

I was caught by an enemy's hand, and desecrated.

What is the scent of days to me – there are no spices
    in my field!

What are the melodies of night to me – the bells of
    my vision have ceased!

If I said, I have triumphed over light, they would
    not believe me.

If I said, I have a song of giants, they would mock me,

God loved me, and on His return burst my bounds.

I will walk in the earth's desert, my clothes
    of withering silk.

Even if my crown will touch me from afar –

Alone and pursued am I...

---

10   Translator's note: During the siege of Jerusalem, King Zedekiah fled to a cave near Jericho. As he emerged, he was caught by a Babylonian chasing a deer.

Both Here and There[11]   גַּם פֹּה גַּם שָׁם

רֵעִי לִטֵּף אֶת יָפְתוֹ
בִּנְשָׁף־עֶרֶב עַל שְׂפַת הַיָּם.
נִלְהֲבוּ הַכּוֹכָבִים בַּמְּרוֹמִים,
שָׁלְחוּ אִשָּׁם אֶל עֲרָפֶל הַיָּם.
אֲנִי כְּמוּזָר תָּעִיתִי עַל שְׂפָתוֹ,
חִבַּקְתִּי דְמוּתֵךְ אֲשֶׁר תְּלַוֵּנִי;
הִגַּרְתִּי דְמָעוֹתַי אֶל הַחוֹלוֹת,
וַיֵּשְׁתְּ הַיָּם, וְלֹא רָגַע עוֹד …

My friend caressed his beauty
At dusk on the coastline.
The stars shone on high,
Reflecting fire on the misty sea.
I wandered like a stranger along its shore,
I hugged your image to come with me;
I poured my tears on the sands,
And the sea drank them, and was calm …

טוּר מַלְכָּא! - אָנוּ עוֹלִים
עֲיֵפִים מִמַּעֲלוֹת לְמַעֲלוֹת;
מַה תִּרְהַב הַטֶּבַע מִסָּבִיב!
מֶה הָדוּר כָּל חָזוֹן!..
מֵי הַשִּׁלֹחַ רוֹגְעִים תַּחַת אֵשׁ הַשְּׁחָקִים,
חֻטְרִי בְיָדִי, תַּאֲוַת מוֹשְׁלִים בְּקִרְבִּי;
אִוִּיתִי שְׁאוֹג, וּפִצְעֵי לְבָבִי נִפְתָּחוּ,
נָזְלוּ דָמַי עַל מֶרְחַב הַיּוֹם - וַיַּאְדִּימוּהוּ …

The King's mountain! Weary, we ascend
From level to level;
How breathtakingly nature surrounds us!
How glorious every vision!
The waters of Shiloah rest under the fire of the firmament,
My staff is in my hand, the desire of rulers is within me;
I wanted to roar, and the wounds of my heart opened,
My blood poured into the breadth of day – staining it red.

חֶבְרוֹנָה!.. מִפִּי הַכֹּל
פָּרְצָה מַנְגִּינָה נֶאְדָּרָה;
גַּם הַדְּרָכִים הָאֵל יָדַעְתִּי,
קֶסֶם עֲלֵיהֶם גַּם עָתָּה …
רַק בִּי מֵתוֹת מַנְגִּינוֹת־הַפְּלָאִים:
לֹא יָקִיצוּ עוֹד יְשֵׁנֵי־עָפָר,
חֲלוֹמִי לֹא יָבוֹא … נִחַשְׁתִּי וָאֵדָעָה …
לִבִּי מִכְּאֵב יֵאָלֵם …

To Hebron! From every mouth
Burst a wonderful melody;
The ways of God I also knew,
Even now they are enchanted …
Only in me do miraculous melodies die;
No longer will those who sleep in the dust be revived
My dream will not come … I surmised and knew …
The pain will mute my heart …

---

11   Translator's note: This is a complex poem; it seems to suggest the pains of exile. The use of Aramaic, as in the word for "staff," is a reminder of the goat in the Passover story, Chad Gadya. It is there to remind the reader that this poem refers to one of a long series of "beatings" that have been allotted to the Jewish people in exile. Hebron, burial place of the Jewish forefathers, represents the return from exile.

שִׁיר שַׁחֲרִית　　Song of *Shacharit*[12]

נִפְתְּחוּ דַלְתוֹת הַיּוֹם, וְשִׁירַת הַהֵיכָל
שׁוֹאֶגֶת מֵעֲבָרִים,
מֶרְחַב יָהּ וַחֲלַל תֵּבֵל יֶהֱמָיוּ,
וְלִבִּי כַּחֲלִילִים...
תֵּבֵל, אַל נָא כֹּה מַהֵר תְּעוֹרִי...
צַעֲקַת חַיַּי עַל דְּרוֹר לֹא בָּא,
חֲמָסִי עַל חִזָּיוֹן לֹא שָׁלֵם עוֹד...
עַתָּה חָזוּ יָמַי וּשְׁעָרֵי יַלְדוּת לֹא אוּכַל
צֵאת.
הוֹרָה יֶלֶד אֱלֹהִים, אֲנִי הַיֶּלֶד, וְגֶבֶר אֵיךְ
אֶהְיֶה?
אֱלֹהִים, אָבִי אֱלֹהִים! עָיַפְתִּי מִכְּרֹעַ
לְיַלְדוּת,
שְׁעָרֶיךָ חֲדָשִׁים אַיָּם, כִּי אָבוֹא בָם
וְתִגְבַּר עָלַי יָדְךָ?!
חָפַצְתִּי הִשְׁתַּפֵּךְ כַּיָּם וּשְׁאִיפָתִי מִיַּמִּים
גָּבְרָה.
חָפַצְתִּי כִּי תִתְכַּנָה עָלַי מַנְגִינוֹת־עַד
וְעוֹלָם אַגָּדָה, אֲשֶׁר לֹא יֵקַל בְּעֵינַי,
וְצִפּוֹר אֶהְיֶה, אֲשֶׁר אַכֶּה כָנָף בְּמֶרְחֲבֵי
שְׁכִינָה.
אָסִיר חׇמְרִי, יִצְמַח מֵאֲדָמָה
וְיַעַל וְיִשְׂגֶּשֹׂג
לְפָנֶיךָ.
אֲנַפֵּץ כָּל אֲשֶׁר כָּבֵד עָלַי מַלֶּכֶת מַהֵר
לִקְרַאת כְּבוֹדְךָ.
הוֹי, עָגַמְתִּי לָךְ, הָאָדָם, עָגַמְתִּי לָךְ,
בֶּן עַמִּי.

The doors of the day opened, and the song of the temple
Roars from every side
The expanses of God and the recesses of the world yearn,
And my heart is like flutes...
World, do not rush now to awaken me...
The cry of my life for freedom did not come,
My anger rests on the dream that is still not complete...
Now my days are shortened and I cannot leave from the gates
of youth.
God taught the child, I am the child, and how will I be
a man?
God, my Father, God! I am weary of kneeling
to childhood,
Where are Your new gates, so that I can pass through them
And your hand will master me?
I wanted to pour myself out like the sea, and my ambition is
greater than the sea.
I wanted You to prepare for me eternal melodies
And a world of legend, that would lighten my eyes,
And I would be a bird, beating its wings in
Your divine presence.
My fettered body will spring up from the earth
and flourish before
You.
I will cast off all burdens to go faster
Toward your glory.
O Man, I sorrow for you, I am sad for you,
son of my people.

12　Translator's note: *Shacharit* is the morning prayer.

רָחוֹק מֵאוֹרְךָ לֹא אוּכַל הֱיוֹת –
וְעַד מָתַי אֶסְבֹּל לַשָּׁוְא, אֶשָּׂא לַתֹּהוּ?
הִתְפָּרְצְנָה, מַנְגִּינוֹת־עַד,
אָהֳלֵי שַׁחַר, בִּקְעוּ אוֹרֵיכֶם!
הֶאֱמַנְתִּי מְאֹד, וּמָה אָדָם כִּי לֹא יַאֲמִין!
הֲיִפְעַל אָדָם וְלֹא אֵל, וְהוּא סוֹדוֹ עִמּוֹ?
גַּם בְּיֵאוּשִׁי אֱלֹהִים מִתְהַלֵּךְ
אָבוֹא אֶשְׁפֹּךְ בִּזְמִירוֹת מֶלֶךְ
לִבִּי וּמְרָרָתִי.
עָיַפְתִּי מִסְּבֹל חַיַּי, לֹא אוּכַל נְשׂוֹא עוֹד.
וּמָה הַחֲלוֹם רָאִיתִי, מַה פֵּשֶׁר עֲתִידִי
עִם עֲבָרִי?!
הַכְּאֵב הָיָה עוֹלָם, הָאוֹר לֹא כֵן ...
מִקְדָּשִׁי נֶהֱרַס בְּאַחַת וּבָאֵשׁ עָלָה!..
מַה הַזֹּהַר, מַה הַתִּקְוָה אֲשֶׁר זָרַעְתָּ
לִי לִפְרָקִים?..
עִם נֹגַהּ שַׁחַר פְּתָר־לִי, אֵלִי!...

I cannot be distanced from your light –
How long will I suffer for nothing, suffer the emptiness?
Burst out, eternal melodies,
Tents of dawn, split your lights!
I greatly believed, for what is a man without faith!
Would a man act and not God, while the secret is within him?
God keeps going even in my despair.
I will pour out my heart to the King in songs
My heart and my bitterness.
I was weary of carrying my life, I could no longer bear it.
And what dream did I see, what is the meaning of my future
And my past?
The pain was a world, the light not so ...
My holy place was destroyed and went up in fire!
What is the splendor, what is the hope that You sowed
In me at times?
With the light of dawn, resolve it for me, my God!

א	1.

חֲצֹב, נוֹדֵד, בַּדְּרָכִים,
גַּלֵּה הַמּוֹלֶדֶת...
לָמָּה תְּבַל אֶת יוֹם,
וַעֲתִידְךָ עַד עֶרֶב?..
וְלֵיל נְגֹהוֹת כִּי יוֹפַע,
יְרֵחוֹ פֶּלֶא יָהֵל,
שַׁנֵּן שִׁיר לְךָ חַיִּים,
אֵל בּוֹנֶה, גַּם הוֹרֵס -
וְאַתָּה לְמוֹשָׁעוֹת!..

Quarry, wanderer, on the highways,
Reveal the motherland...
Why do you waste the day,
And your future until evening?
And the night lights when they appear,
Its wondrous moon will spread its light,
Practice the song of your life:
God the Builder, the Destroyer too –
And You are the Redeemer!

ב	2.

עֲלֵה הַר מַדָּעֶיךָ,
גְּנֹז בְּחֵיק יְקָרוֹתֶיךָ,
וּקְרָא תִלֵּי זָהָב
לְעֵין שֶׁמֶשׁ בּוֹעֶרֶת...
לִפְנֵי דוֹרוֹת צָפוּ
נְאוֹרֶיךָ מִגְּבוֹהִים,
הִשְׁתּוֹמְמוּ עֲלֵי יֹפִי...
"לוּ יִגְנֹז דּוֹר חָדָשׁ
אֲשֶׁר נִצְפֹּן אָנוּ
בִּמְסִלּוֹת הַשָּׁמֶשׁ!"...
גְּנֹז בְּחֵיק יְקָרוֹתֶיךָ!

Ascend the mountain of your knowledge,
Hide precious things in your lap.
And call them golden hillocks
By the light of the burning sun...
Past generations looked forward
To your light from the heights,
Astonished by its beauty...
"If only a new generation would conceal
What we secreted,
In the paths of the sun!"
Hide precious things in your lap.

ג	3.

אֱהַב אֶת הָעַלְמָה,
הִיא תְּאֹרַשׂ רַק לְךָ.
פְּנִינֵי לִבְּךָ שֻׁפְּכוּ
עַל הוֹד עַפְעַפֶּיהָ;
יָקָר רִקְמַת שִׂמְלָתָהּ
מֵחֲרוּזֵי גַעְגּוּעֶיךָ:

Love the maiden,
She will be betrothed to You alone.
The pearls of your heart were poured out
Over the glory of her eyelids;
Precious is the embroidery of her dress
From the beads of your longing:

עַל שְׁבִילֶיהָ יְצֹר
חֲלוֹמְךָ מַשָּׂא חַיִּים...
הִיא תִהְיֶה רַק לְךָ -
אַיֶּלְתְּךָ אֲהָבִים!

On her paths will be formed
Your dream of the burden of life…
She will be yours alone –
Your lovely gazelle!

אָגֹז נִזְרִי   I Will Cut Off My Crown

אָגֹז נִזְרִי, פְּאֵר רֹאשִׁי, וְאֹמַר לֵאלֹהָי:
לֹא אָבוֹא עוֹד בֶּהָרִים,
לֹא אֶעֱלֶה עַל שִׂיאֵיהֶם
בַּקֵּשׁ הֶדְךָ שָׁמָּה.

I will cut off my crown, the glory of my head, and say to my God:
I will come no more to the mountains,
I will not scale their peaks,
Or seek Your echoes there.

מְעָרוֹת־סְתָרִים לֹא אֶחְקֹר
בַּקֵּשׁ אֶת פְּעָמֶיךָ,
כִּי שָׁפַכְתָּ הוֹד גַּם עַל שָׂדוֹת קְרוֹבִים
עַל כָּל עֵץ פּוֹרֵחַ.
אֵין הוֹד בְּלִי הוֹדְךָ.

I will not explore secret caves,
Seeking Your steps,
For You have also poured splendor on nearby fields
On every blossoming tree.
There is no splendor without Your splendor.

עַד מָה אֶשְׁכֹּן בֶּהָרִים,
אָגוּר בַּצִּיָּה –
וְאַתָּה חָמַדְתָּ כָּל שְׁבִיל,
וְעַל כָּל שְׁבִיל אַתָּה!..

Until when will I dwell in the mountains,
Live in the wilderness –
For You coveted every path,
And You are on every path!

פִּיוּט   *Piyut* [13]

בְּרֶדֶת הָרוּחַ מֵאַהֲבָה תְּהוֹם הַנֶּפֶשׁ.
פְּרֹשׁ כַּנְפֵי זָהֳרְךָ עָלַי, אֵלִי!
הֵן זוֹ שְׁעַת הָאֹשֶׁר - אַל אִדֹּם!
גַּעְגּוּעִים קְדוֹשִׁים יַכְרִיעוּ יוֹם כְּאֵב
עָיַפְתִּי מֵחֲרוּזִים אֲכַמָּה לַחֲזוֹן קָדְשֶׁךָ.
הֵן יָמִים אֶזְכְּרָה בְּהִלְךָ עַל רֹאשִׁי נֵר.
לִבִּי עָיֵף מִסַּעַר וָאֶזְכָּרְךָ בַּמִּדְבָּר:
אַרְיֵה רָבַצְתָּ סְבִיבִי, לֹא טְרָפַנִי אוֹיֵב -
וְלֹא יָדַעְתִּי כִּי אֲהַבְתָּנִי ...
צַוֵּה הוֹד, אָבִי, צַוֵּה גְאֻלָּה, אֱלֹהָי,
רַחֵם נָא, רַחֵם - וְנֵרָחֵם ...

When the spirit is downcast from love, the soul murmurs,
Spread the wings of your rays over me, my God!
For this is the time of happiness – do not let me fall silent!
Holy longing brings a painful day to its knees
I am tired of rhyme; I long for your holy vision.
For I remember the days when You put a candle by my head.
My heart is weary of storms, and I recall You in the desert:
A crouching lion guards me; the enemy did not devour me –
And I did not know that You loved me…
Command splendor, my Father, order Redemption, my God.
Show mercy – be merciful, and we will be absolved…

שְׁאַג, אַרְיֵה-אָבִי, הָרֵם קוֹלְךָ, אֱלֹהָי.
צַוֵּה חַסְדְּךָ, יָהּ צוּרִי! שַׁדַּי,
שַׁדַּי!
אָן אֶפְרֹשׂ כָּנָף וְהַכֹּל סְבִיבִי
טָמֵא?
אִם לֹא תִפְדֶּה, אָבִי, אֲנִי מֶה
חָלַמְתִּי?..
שְׁאָגָה, אֱלֹהִים, עַל גְּוֶךָ, שַׁאֲגָה עַל
פְּדוּתִי!
זְרוֹעֶיךָ לִי שִׂמְחָה, כְּמִקֶּדֶם לִי אָתָּה...!

Roar, my lion-father, raise your voice, my God.
Command your kindness, God Who made me. Almighty!
Almighty!
Where will I spread my wings when everything around is
impure?
If You will not redeem, my Father, then what have I
dreamed?
Roar, God, in Your place, roar for my
redemption!
Your arm is my joy, as You once were to me…!

חָזוֹן הָיָה לִי מִמֶּךָ,
נְגֹהוֹת-יֹפִי רִוְתָה נַפְשִׁי, -

I had a vision from You,
Beautiful lights sated my soul –

---

13   Translator's note: A *piyut* literally means a poem or a song, but it often refers to the liturgical poetry that accompanies the prayers on holidays. The Gemara in *Brachot* relates that God roars like a lion in His unhappiness over the exile of the Jewish people.

עַד מָה אֶדַּח, אֶדַּח?
הַרְעֵם לִי בַּגַּלְגַּל קוֹלֶךָ.
מִמְּקוֹם חָזוֹן יְהַלֵּךְ רַעַשׁ הוֹד
הִקְשַׁבְתִּי;

יָדַעְתִּי: לֹא יִבְנֶה אָדָם –
רוּחֲךָ יִיצֶר בִּי נִפְלָאוֹת.
אֶל חֲזוֹן קָדְשְׁךָ אֶכְמַהּ!
וְאַתָּה חָתַמְתָּ עָלַי הוֹד?
שְׁאַג פֶּלֶא, טַהֵר נָוִי, הַגַּהּ נִזְרְךָ עֲלֵי רֹאשִׁי!

Until when will I delay, delay?
Shout to me with your resounding voice.
From the place of vision a sound will ensue, splendor
    I heard;

I knew: A man will not build –
Your spirit will form miracles in me.
I long for Your holy vision!
Did You seal splendor in me?
Roar marvelously, purify me, place Your crown on my head!

The poet Rav Yosef Tzvi Rimon

The poet Rav Yosef Tzvi Rimon

The son David Rimon, Rav Yosef Tzvi Rimon, and poets David Shimoni and Avraham Broides

The poet at Agudat Hasofrim

The poet Rav Yosef Tzvi Rimon in his youth, with his brothers Yechiel Bunim and Ephraim

The poet Rav Yosef Tzvi Rimon, S.Y. Agnon, and Rav Rimon's granddaughter
Naomi

The poet Rav Yosef Tzvi Rimon, Azar, and David Rimon

Rav Rimon, his wife Esther, their daughter Rivka, daughter-in-law Rita, and granddaughter Naomi

The poet Rav Yosef Tzvi Rimon

The poet Rav Yosef Tzvi Rimon

Rav Rimon with his son David

Rav Rimon studying

Accepting the President's Prize from President Yitzhak Ben-Zvi and his wife
Rachel Yanait Ben-Zvi

Reading Rav Rimon's poetry

בְּצֵל הַמּוֹלֶדֶת

In the Shadow of the Motherland

א

אֶעְגַּב אֶל שְׂדוֹת מוֹלַדְתִּי
עַל פַּרְדֵּסִי וּכְרָמַי,
עַל בָּתַּי, אֹהָלַי וִירִיעוֹתַי,
וְעַל כָּל אַרְמְנוֹת תּוּשִׁיָּה,
עַל כָּל קֹדֶשׁ, וְעַל כָּל יְקַר חֹסֶן.
בְּצַעֲדִי יִהְיֶה מִבְטָח לִי עַל שְׁבִילֵי אַרְצִי,
שֶׁמֶשׁ תַּעֲנִיק עַל רָאשֵׁי בְּרָכוֹת,
אֶרְחַץ בְּזֹהַר וְשִׁכְרוֹן הַיָּמִים.

ב

אַךְ עֹז לִי בְּאֶרֶץ אֲבוֹתַי,
אֶשְׁכֹּן מִבְטַחִים בַּאֲשֶׁר נָתַן לִי בְּרָכָה,
חֻפָּה יִפְרֹשׂ עָלַי וְצֵל אוֹרוֹת
וְכָל יְקַר נֹגַהּ,
קָנָנִי מִנֹּעַר, זְכָרַנִי בִּשְׁמִי,
הִתְפָּאֵר בִּי,
אָמַר לִי: עַמִּי אָתָּה, סְגֻלָּה מִכָּל
הָעַמִּים,
אֶרֶץ לְךָ נְתוּנָה, אֲשֶׁר עֵינַי בָּהּ כָּל הַיָּמִים,
זָבַת חָלָב וּדְבַשׁ הִיא, צְבִי לְכָל הָאֲרָצוֹת.
בְּאֹשֶׁר בָּאָה לִי, וּבַעֲמַל יִסּוּרִים הִיא לִי
נִקְנֵית,
אַחֲרֵי אֲשֶׁר עֲזַבְתִּיהָ, אַחֲרֵי אֲשֶׁר שְׁכַחְתִּיהָ.
קֹדֶשׁ הִיא לִי מֵעֵת נִבְרָא רִאשׁוֹן אָדָם,
שֵׁם מָלַךְ בָּהּ מֶלֶךְ, מַלְכִּי צֶדֶק נִקְרָא.
לָאָבוֹת נִשְׁבַּע אֵל לְתִתָּהּ לְזַרְעָם.
כְּעֶבֶד כּוּשִׁי שׁוֹמֵר עַל אַרְמוֹנוֹת
הָיָה בָהּ כְּנַעַן, וַיְגֹרַשׁ עֵת שָׁלֵם
עֲוֹנוֹ.
פַּנּוּ לִי אַרְצִי, פַּנּוּ לִי הֵיכָלוֹתַי,

1.

I long for the fields of my motherland,
For my orchards and vineyards,
For my homes, tents, and tapestries,
And all palaces of ingenuity,
For all holiness, for any precious strength.
The paths of my country will guide my steps,
The sun will bestow blessings on my head,
I will wash in the radiance and intoxication of the days.

2.

Yet I find strength in the land of my fathers,
I will dwell securely where He gave me a blessing,
He will spread a canopy over me, shade from lights and
    every precious radiance,
He acquired me from youth, remembered my name,
    gloried in me,
He said to me: You are My people, a treasure from all the
    nations,
The land is given to you, which My eyes are on all the
    days.
It flows with milk and honey, a beauty above all lands.
In happiness it came to me, and in the toil of tribulations I
    acquired it,
After I left it, after I forgot it.
It has been holy to me since the creation of the first man,
Shem was a king there, named Malchi-Zedek.
God promised the forefathers to give it to their seed.
Like a slave guarding the palaces,
Canaan was there, driven away when his iniquity was
    complete.

רַבּוּ נְדוּדַי וְעֶלְבּוֹנַי מֵאָז בָּגַד בִּי
יוֹם,
עַתָּה שַׁבְתִּי, כִּי זָרְחָה עָלַי שֶׁמֶשׁ
תִּקְוָה.
הַקֹּדֶשׁ, הֱיֵה לִי נַחֲלָה, כִּי נֶאֱנַשְׁתִּי
מְאֹד,
פְּרָעוֹת לְעֵין שֶׁמֶשׁ, לֹא יָדְעוּ רַחֵם שְׁכֵנַי,
וְלִי עֹז בֵּאלֹהַּ, מִבְטַחִי בֵּאלֹהֵי
אָבוֹת.
יָגֵן עָלַי מִפְּנֵי צַר, יִנְצֹר עָלַי מִפְּנֵי
אוֹיֵב,
יַעֲשֶׂה שָׁלוֹם לִי בְּרִית אֱלֹהִים, אֵל
הַצְּבָאוֹת!

Clear my land for me, clear my sacred places for me,
My wanderings and retributions since the day has
betrayed me,
Now I have returned, because the sun of hope shines on
me.
Holiness, be my portion, for too long have I been stripped
of humanity,
Pogroms in broad daylight, my neighbors without mercy,
For my strength is in God, my assurance in the God of my
forefathers.
He will guard me from persecutors, protect me from
enemies,
He will make peace for me with His covenant, Lord of
Hosts!

הָאֹשֶׁר אִם חָלַף...   If Happiness Passes...

א

הָאֹשֶׁר אִם חָלַף – לֹא עָלָיו אֶאֱבַל,
הָאֹשֶׁר אִם לֹא בָא – לֹא עָלָיו אֶאֱבַל;
אֶאֱבַל עַל חַיַּי, כִּי בָאוּ נוּגִים
וְאֵין אוֹר עַל שְׁבִילִי.

אָמַרְתִּי: אֱהִי נָא כְּאַחַת הָאֲבָנִים
דְּמָמוּ מֵחֲמַת אֱלֹהִים מֵרֵאשִׁית,
לֹא צָמְחוּ וְלֹא חֵלֶק לָמוֹ בֵּין הַחַיִּים;
אֵל עַד כֹּה רְדָפַנִי.

עֲלֵי הַר וְעַל גִּבְעָה הִתְבַּצֵּר הָאָבִיב,
וְדִמְעוֹתַי אֲשֶׁר לֹא נִגְּרוּ בִּי נִבְלָעוּ:
עָבְרוּ עָלַי נְעוּרַי לְלֹא פִּתְרוֹן, וְלֹא
אַחְקְרֵם.
עֲרָפֶל עַל חַיַּי.

ב

יָגֹרְתִּי אֶת הָעֶצֶב, בְּעוּתֵי יוֹם וָלַיְלָה,
אֵל הַלּוֹחֵשׁ לִי אַהֲבָה אַךְ יְנַסֵּנִי;
אֲנִי עָיַפְתִּי כֹּה, אֲנִי כֹּה כָּשַׁלְתִּי,
וְהוּא לֹא יֶרֶף מִלְּחֹשׁ אַהֲבָה.

אָבִינָה, כִּי יִצָּפֵן לִי רַב חֶלֶף תֻּמִּי
עִמּוֹ,
וְלֹא יֶחְדַּל מְנַסּוֹת נַפְשִׁי בְּעֶצֶב,
וַאֲנִי חָדַלְתִּי הִתְפַּלֵּל בֹּא אֶל חֵיק־אֹשֶׁר,
וְאֶתְפַּלֵּל בֹּא אֶל חֵיק־קָבֶר.

If Happiness Passes...

1.

If happiness passes – I will not mourn it,
If happiness doesn't come – I will not mourn it;
I will mourn for my life, for sorrows came,
And there is no light on my path.

I said, I will be like a stone.
God's wrath silenced them from the Creation,
They did not grow and had no portion in life;
God until now has pursued me.

On mountain and hill the spring was entrenched
And my unshed tears I swallowed:
My youth passed without an explanation, I will not search
   it out.
A haze over my life.

2.

I was terrified of sadness, the torments of day and night.
God Who whispers to me of love also tested me;
I was so weary, I stumbled so,
And He did not cease whispering love.

I understand that great good awaits me for my innocence
   with Him,
For He will not cease testing my soul with sadness,
And I stopped praying to reach the lap of happiness,
And I will pray to reach the lap of the grave.

מִשִּׁירֵי הַסּוֹד

From Songs of the Secret[14]

א

הוֹי, מִי יוֹבִילֵנִי עִיר־שָׂדַי,
מִי יוֹבִילֵנִי כְּפַר־גַּנִּים?
תָּו עִבְרִי עַל שְׁעָרַי,
שֵׁם אֱלֹהִים חָרוּת עֲלֵי דְגָלַי.

חָמַדְתִּי מִשְׁכְּנוֹת אֱלֹהִים,
סִפְרִי כְּתָבוֹ פִּי נֶאֱמָן;
גִּיל בָּנַי, בְּנוֹתַי, אֵי?
מָתַי אֵצֵא בִּמְחוֹל־שַׁאֲנַנִּים?

נָחָה עָלַי רוּחַ חוֹזִים,
קְרָאַנִי יָהּ אֵלִי, צוּרִי;
הֶחְכִּימַנִי אוֹתִיּוֹת עוֹלָם,
חֲיֵה, בְּנִי, אָמַר לִי, וְהִנָּבֵא אוֹר!

בָּדָד יִשְׁטְפֵנִי זְהַב תַּלְמוּדִי,
וְהַרְרֵי־עוֹלָם אָפְפָה שֶׁמֶשׁ צְבִי;
חַיִּים לַאֲשֶׁר נִמְצָאָה בְּקֶרֶן־זָוִית,
אַיֶּלֶת הִיא, שַׂמְתִּיהָ לְרָאשֵׁי עֲטָרוֹת.

ב

שִׁירָה, בְּנִי, אַל תֶּחְדַּל מִכִּנּוֹר,
גַּעְגּוּעַי חָמְדוּ מְעוֹן לִבְּךָ;
כְּאָדָם רִאשׁוֹן צַק מִלֶּיךָ,
נִשְׁבַּעְתִּי, כַּיָּם לֹא יַחְדְּלוּ מַאֲוַיֶּיךָ.
נְשֹׁף לִי אוֹרוֹת שִׂמְחָה.
עֲלָמוֹת צוֹהֲלוֹת תְּרַנֶּנָּה,

1.

O, who will bring me to a city of fields,
Who will bring me to a village of gardens?
A Hebrew *tav* is on my gates,
The name of God is engraved on my banner.

I desired the dwellings of God,
My book was written by my devoted mouth;
Where is the happiness of my sons, my daughters?
When will I go forth in a dance of the carefree?

The spirit of visionaries rested on me.
I called Him my God, my Rock;
He made me wise with the letters of the world,
Live, my son, He said to me, in radiant prophecy!

Alone, He flooded me with the gold of my learning,
And eternal mountains surrounded the beautiful sun;
Life for one who is found in a corner,
Swift as a deer, He made crowns for my head.

2.

Sing, my son, do not cease your violin,
I long for the place of your heart;
Like Adam poured out Your words,
I swore, Your wishes will not cease, like the sea.
Fan for me lights of joy.
Joyful maidens will sing,

---

14   Translator's note: *Sod* and *Bina* refer to kabbalistic concepts of knowledge. The Hebrew letter "*tav*" referred to in Isaiah is a sign on the forehead. Nachal Besor, referred to in the third part, is one of the longest streams in the Negev desert.

קְרָאתִין בְּשֵׁמוֹת כִּשְׁלֹמֹה,
הַשּׁוּלַמִּית זָכְתָה בְּעֵינַי מִכֻּלָּן;
חָכַמְתִּי סוֹד, אֶקְרָא בִּינָה,
סְפִירוֹת אֱלֹהִים גְּבֹהִים נָאוֹרוּ;
דִּבְרֵי יָמַי צָפַנְתִּי זָהָב,
לוּ יְדַעְתֶּם כָּמוֹנִי - וְהֶאֱמַנְתֶּם!

I have named them, like Shlomo.
Shulamit merited most in my eyes.
I became wise with *Sod*, I called for *Bina*,
The emanations of the most high God beamed;
The events of my life I hid in gold,
Had you known them like me, you would believe!

ג

3.

חוּדָה חִידָתְךָ, אֱמוֹר זָהָב,
אִגְּרוֹת חֲרִיצוֹתִי לְשׁוּלַמִּית;
חֲתַמְתִּין אַהֲבָה נִגְהוֹת-וֶרֶד
מֵעֵבֶר לְנַחֲלֵי-בְּשׂוֹר וּמִגְּבוּלִי.

Make a riddle, say gold,
I composed letters to Shulamit;
I sealed them with love and rosy light
From beyond Nachal Besor and my border.

וַאֲנִי חָמַדְתִּי סֵפֶר רִמּוֹנַי
זָהָב אֶשְׁקוֹל מִיּוֹם לְיוֹם;
לֹא אֲסַפֵּר כְּמוֹ, וְלֹא אֲגַלֶּה
כִּי שְׁטָפַתְנִי מוֹלַדְתִּי אַהֲבָה...

And I desired my pomegranate book.
I will weigh gold from day to day;
I will not tell how, will not reveal
How my birthplace flooded me with love…

בָּעֲרוּ שַׁעֲרֵי אֲמָנוּת...   The Gates of Art Burned... [15]

א

בָּעֲרוּ שַׁעֲרֵי אֲמָנוּת בַּשָּׁמַיִם,
אֱלֹהִים אֲמָן גִּלָּה כֹּחוֹ,
וַיְהִי שִׁיר הָעֶרֶב...
רָז לִי: שְׁמֵי שָׁמַיִם לִי נִפְתָּחִים,
אֶרְאֶה זִיו שְׁכִינָה לִרְצוֹנִי,
וְלֹא יְהִי מַעְצוֹר לְרוּחִי;
אָבוֹא בְּנֹגַהּ עַל
וְאָשִׁיר שִׁירִי,
שִׁיר אָדָם־אֲמָן!

ב

עַל תַּלְתַּלֵּי נַעֲרָה בּוֹעֵר הָאֱלֹהִים
וְלֹא יֵבוֹשׁ.
מִמִּקְלַט הַנְּזִירִים יָצָא,
וַיִּשְׁתַּפֵּךְ עַל מְלוֹא מֶרְחֲבֵי הָאַרְגָּמָן -
הֲתַחְמֹד כְּאָדָם, הָאֱלֹהִים?!...
מֵעֵין גֶּבֶר תַּזְהִיר,
שׁוֹבָב הָיִיתָ כְּמוֹנִי הָאָדָם!
הָבָה אֶרְדָּפְךָ גַּם אָנִי,
כִּי אוֹתִי רָדָפְתָּ.
אֱלֹהִים נִצְחִי, אַהֲבָה!...

1.

The gates of art burned in Heaven,
God the artist revealed His strength,
There was the evening song...
My secret: The upper heavens opened to me,
I saw the splendor of the Divine Presence as I desired,
And my spirit was boundless;
I will come lighted from above
And I will sing my song,
The song of a man of art!

2.

God burns on the curls of a maiden
Without shame.
He left the refuge of the Nazirites,
And was poured out on the fullness of purple expanses
Would You desire like a man, O God?
As a man You shine,
You were a rascal like me, man!
Let me pursue You, even I,
Because You pursued me.
My eternal God, Love!

---

15   Translator's note: The word *aman* in Hebrew suggests more than "art." Its root includes concepts of craftsmanship, art, faithfulness, steadfastness, and nursing a child. The word for moon here is spelled as if it meant "sapphire" – the likeness of the stone under God's throne. In this and other poems, the poet's understanding of the limits of a religion can be seen in his reflections on God and man which views God in art as opposed to a limitless God. I suspect that the female figure here represents "Nukva" and the artist is "Zeir Anpin." These are kabbalistic concepts; unity occurs when they unite. The darkening of the female figure refers to separation and exile. Orchards represent a complete understanding of the Torah.

3.

ג

יָדַעְתִּי כִּי פִּתְרוֹן הַכֹּל אֱלֹהִים־אוֹר.
בְּעֶצֶם עֲלוּמַי הִרְגַּשְׁתִּי שֶׁטֶף זִיווֹ,
וָאֶשְׁכָּר.
אֱלֹהִים אוֹר, - עָשָׂה הַכֹּל כְּאָמָּן:
שֶׁמֶשׁ שַׁחֲרִית נָגְהָה אִתָּה,
וְלִבְנַת לֵיל צָפְנָה קְסָמִים,
גַּם הַצָּהֳרַיִם הוֹד,
וְלֹא יִדְמֶה יוֹמִי זֶה אֶל תְּמוֹלוֹ!
כָּל רְגָעַי - אֵל,
וְעַל כָּל דְּרָכַי - אֵל.

I know that the solution for everything is the God of light.
In the midst of my youth I felt the flood of His radiance,
And I was intoxicated.
The God of light – He made everything like an artist;
The sun of the morning shines with it,
And night's moon hides its magic,
And at noon too, splendor,
And my todays are not like my yesteryears!
All my moments – are for God,
And along my paths – is God.

4.

ד

בְּלִבִּי תְהוֹם אַחֲרֵי תְהוֹם שָׁקַע,
לִבִּי עָשִׁיר כֵּאלֹהִים...
צִבְעָה עוֹד, אֱלֹהַי, שַׁחֲקֵי עַרְבִית וְשַׁחֲרִית,
וּשְׁפוֹךְ נָגְהֲךָ עַל חֶזְיוֹן הַיָּמִים,
כִּי חָמַדְתִּי הוֹד...
רַעְיוֹנַי - שִׂיא שְׁחָקִים, רְגָשַׁי -
אַדִּיר יַמִּים,
עוֹד יַתְעוּנִי פְּעָמַי חֲזוֹת
בִּבְדִידוּת הֶהָרִים,
וְשִׂמְחַת נָגְהָם עֵת פָּרָצָה,
גַּלֵּי שְׁכִינָה לְלִבָּבִי יִזְרֹמוּ...

In my heart depth after depth is sinking,
My heart is rich, like God...
Color again, God, the heavens of evening and morning,
And pour Your light on the vision of days,
For I desired radiance...
My thoughts – the height of the heavens, my feelings – the
    might of seas,
My wandering steps will lead me to watch
In the solitude of mountains,
And when the joy of their light breaks through,
Waves of His presence will flood my heart...

5.

ה

הַאִם לֹא יְדַעְתֶּם חֲלוֹמִי? הֵן חֲלוֹמִי מִנֹּעַר.
גָּדוֹל הוּא מִשְּׁחָקִים, נֶעֱרָץ הוּא מִבְּרָקִים,
לֹא יִתַּם חֲלוֹמִי עִמִּי, לֹא אֶגְוַע עִם
חֲלוֹמִי!
מִגַּל אֶל גַּל אֶעֱבוֹר הָאַהֲבָה,
אֲצַיְּרֶנָּה, אֲשִׁירֶנָּה חֹמֶר וָרוּחַ,
כַּטֶּבַע, אֲשֶׁר עָשָׂה הָאֱלֹהִים...

Did You not know my dream? It is my dream from youth.
Greater than the heavens, more admired than lightning,
My dream will not end with me, I will not perish with my
    dream!
From wave to wave I will pass the love,
I will paint it, I will sing of it with matter and spirit,
Like Nature, that God made...

6.

I learned how to quarry and sculpt matter,
And pour the soul's lights on it;
On the lofty pinnacles of mountains,
Stands the daughter of the King,
Her body carved of marble –
From the quarrying of her eye all glory radiates
Until I faint.
The sun of Jerusalem shines on her…
Fright darkened her, and I will desire her,
To her I will turn again…
And she calls in her pride: Whoever sings my song,
I will be his!
Now I will go, now I will come, yet say:
I learned your song, it is in my mouth:
The quarrying of heavenly marble makes your body
    beautiful,
The daughter of kings,
And the brilliance of your eyes, from the splendor of souls,
In prayer and fasting I have attained your secret,
Be mine!

7.

Orchards, raise up your radiance and your scent,
I will be intoxicated more with the spring of my land…
The sea will don the radiance of silver, a lovely light,
And at dusk I will rejoice in the glowworm.
I wanted to be like a child,
And discover paths of youth,
For I desired them.
The clamor of the cities and glorious capitals
Reached my ears toward the breadth of my native land,
I will be happy from the Father's gates to my gates
For beautiful is the day in my eyes!

ו

לָמַדְתִּי חֲצֹב וּפַסֵּל בַּחֹמֶר,
וּשְׁפֹךְ אוֹרוֹת־הַנְּשָׁמָה;
עַל מְרוֹם שִׂיא הָרִים
תַּעֲמֹד בַּת הַמַּלְכָּה:
גְּוִיָּתָהּ חֲטוּבַת שַׁיִשׁ -
מִמַּחְצַב עֵינֶיהָ כָּל הוֹד
עַד לְהִתְעַלֵּף.
שֶׁמֶשׁ יְרוּשָׁלַיִם עָלֶיהָ זָרְחָה...
אֵימָה שֶׁזִּפְתִיהָ וְאַחְמְדֶנָּה,
וְאֵלֶיהָ אֶכְלֶה עוֹד...
וְהִיא קָרְאָה בִּגְאוֹנָהּ: אֲשֶׁר יָשִׁיר שִׁירִי,
לוֹ אֶהִי!..
עַתָּה אֵלְכָה, עַתָּה אָבוֹא, אַף אֹמַר:
לָמַדְתִּי אֶת שִׁירֵךְ, הִנֵּה הוּא בְּפִי:
מִמַּחְצַב שַׁיִשׁ שְׁחָקִים יָיֹף
גּוּךְ,
בַּת הַמְּלָכִים,
וְזֹהַר עֵינֵךְ מִזֹּהַר הַנְּשָׁמוֹת,
בִּתְפִלָּה וָצוֹם אֶת סוֹדֵךְ הִשַּׂגְתִּי -
הֱיִי לִי!..

ז

הַעֲלוּ, הַפַּרְדֵּסִים, זִיוְכֶם וְרֵיחֲכֶם,
אֶשְׁכַּר עוֹד בַּאֲבִיב אַרְצִי...
זִיו כְּסָפִים יִלְבַּשׁ הַיָּם, אוֹר חֲמוּדוֹת,
וְעִם עֶרֶב אֶעֱלֹז אֶת תּוֹלַעַת־יוֹחֲנָא.
חָפַצְתִּי הֱיוֹת כַּיֶּלֶד
וְגַלּוֹת שְׁבִילֵי נֹעַר,
כִּי חֲמַדְתִּים.
רַעַשׁ קְרָיוֹת וּבִירוֹת הוֹד
כְּבָר יַעַל בְּאָזְנַי עַל מֶרְחֲבֵי מוֹלֶדֶת,
אָגִיל מִשַּׁעֲרֵי אָב אֶל שְׁעָרַי אָנִי,
כִּי יְיֹף לְעֵינַי הַיּוֹם!..

עוֹד זָרַע אֱלֹהִים שׁוֹשַׁנִּים

עוֹד זָרַע אֱלֹהִים שׁוֹשַׁנִּים עַל דַּרְכִּי,
וְאִם הִדְהִימַנִי בְּלֵיל רָעַם.
מֵעֵבֶר לְכָל פַּחֲתֵי־מָוֶת לִי צָמְחָה תִּקְוָה,
כַּעֲלוֹת סַהַר עוֹד אֶחֱזֶה בַּת־כִּנּוֹרִי.
לֹא אוֹיֵב אֲנִי אֶל־אֲשֶׁר סְבִיבִי,
וְאִם כַּנָּחָשׁ אֶשְׁמֹר עַל מְאוּרַת־לִבִּי.
מוֹלֶדֶת הֶרַת־תִּקְוָתִי אֶחֱזֶה בִּיקָר,
וְרִנְנָה הָגוּתִי עַל הָרֶיהָ, הַנִּשְׁקָפִים
בְּהוֹד שָׁחַר.
הַחֲשׁוּקָה! עֲזַבְתִּנִי בְּלֵיל שָׁקוּעַ
כּוֹכָבִים,
לָאֲדָמָה אֶדְבַּק, וְאַתְּ בִּלְבוּשׁ מַלְכוּת
לֹא תְנַחֲמִינִי עוֹד.
נִשְׁבַּעְתִּי, אֲנִי אֶפְרֹץ הֵיכְלֵי עָל,
וְאֶתְבַּע מֵאֱלֹהֵי־הַהוֹד, כִּי יַרְוֵנִי
אוֹר,
חֲמוּשׁ־צִנָּה וְזֵין־קְרָב פָּרַצְתִּי שְׁעָרִים,
חַיִּים וָשִׁיר נָחַלְתִּי, לֹא אֹבַד בִּשְׁבִיל
תִּקְוָתִי,
בַּעֲלוֹת נַפְשִׁי בִּלְהָבִים, אַרְעִים רַעַם –
נְגִיד שָׁמוּנִי שְׁחָקִים עֲלֵי אֲדָמוֹת!

Again God Planted Roses

Again God planted roses on my path,
And His thunder amazed me at night.
Beyond every passage of death hope sprung up for me
As the moon rises, I behold my violin,
I am not an enemy to my surroundings,
And like a serpent I will guard the cave of my heart,
My homeland is the cradle of my hope, I behold its wealth,
And my meditation sang on its mountains, reflected
In the splendor of dawn.
O desired one! You left me at night immersed
    in stars,
I will cleave to the earth, and You in royal robes
Will console me no longer.
I swore to burst into the upper temples,
And claim from my God of Glory, for He satiated me in
    light,
With weapons of war I sundered the gates,
I inherited life and song, I will not be lost on my path of
    hope.
As my soul ascended in flames, I roared like thunder –
The heavens have appointed me to govern on earth!

אֵיכָה אָשִׁיר עַל יוֹם וָלַיְלָה...

How Will I Sing About Day and Night...

א

אֵיכָה אָשִׁיר עַל יוֹם וָלַיְלָה -
וֵאלֹהִים הוּא יְצָרָם?
אֵיכָה אָשִׁיר עַל שָׁמַיִם וָאָרֶץ -
וֵאלֹהִים הוּא יְסָדָם?
אֵיכָה אָשִׁיר עַל הָרִים וּגְבָעוֹת -
וֵאלֹהִים הוּא טְבָעָם?
אֵיכָה אָשִׁיר עַל יַמִּים וְצִיּוֹת -
וֵאלֹהִים הוּא חוֹלֲלָם!
אֵיכָה אָשִׁיר עַל תֵּבֵל וּמְלוֹאָהּ -
וֵאלֹהִים הוּא צִוָּה? -
אָשִׁיר לְיוֹצֵר הַכֹּל וְנַעֲלֶה עַל כֹּל -
לֵאלֹהִים אָשִׁירָה!

1.

How will I sing about day and night –
When God created them?
How will I sing about heavens and earth –
When God established them?
How will I sing about mountains and hills –
When God molded them?
How will I sing about seas and deserts –
When God made them!
How will I sing about the earth and its fullness –
When God commanded them? –
I will sing to the Maker of all, exalted above all –
To God I will sing!

ב

נִשֵּׂאתָ מִמְּרוֹמֵי כָּל מְרוֹמִים,
נִשְׂגַּבְתָּ מִמִּשְׂגַּב כָּל מִשְׂגָּב,
מַה יִּדְלוּ כֻלָּם מַשִּׁיר,
וּמַה מְרוֹמָם אַתָּה עַל כָּל שִׁיר!

כִּי תִפְרֹץ בְּעֹז רִגְשַׁת נַפְשִׁי
אֵדַע בְּזִיו
פְּקַדְתָּנִי,
בִּלְתִּי תָפוּשׂ לַנְּשָׁמוֹת -
וְאַתָּה בְּלֵבַב כֹּל וּבִלְבָבִי!

2.

You are borne aloft above the loftiest heights,
You are more sublime than the sublimest of the sublime
What strength will they draw from Your song,
And how exalted You are above all song!

When You forcefully burst into the feelings of my soul
I will know that in Your splendor You have remembered
me,
Incomprehensible to all souls,
For You are at the heart of everything and in my heart!

ג

חַי אֱלֹהִים! זִיו הַשָּׁמַיִם יְסַפֵּר זֹאת,
וּשְׁחוֹר-הַסּוּפָה הַמְכַסֵּם כְּמוֹ כֵן
יְדַבֵּר;

3.

God lives! The radiance of the heavens will tell of this;
And the blackness of the storm that covers them will
speak as well;

חַי אֱלֹהִים! עֲדֵי הָאֲדָמָה יְסַפֵּר זֹאת,
וְעוֹקֵר עֵצִים בַּסְּעָרוֹת כְּמוֹ כֵן יְדַבֵּר;
חַי אֱלֹהִים! הַיּוֹם בִּזְהָבוֹ יְסַפֵּר זֹאת,
וְהַלַּיְלָה בְּבַלְהוֹתָיו כְּמוֹ כֵן יְדַבֵּר;
חַי אֱלֹהִים! נַהֲרוֹת־טֹהַר יְסַפְּרוּ זֹאת,
וַעֲרָפֶל מֵעִיק בְּכָבְדוֹ כְּמוֹ כֵן יְדַבֵּר;
חַי אֱלֹהִים! יְבוּל הֶהָרִים יְסַפֵּר זֹאת,
וְגַעַשׁ פְּלָדוֹת־אֵשָׁם כְּמוֹ כֵן יְדַבֵּר;
חַי אֱלֹהִים! הַחַיִּים בַּאֲבִיבָם יְסַפְּרוּ זֹאת,
וְהַמָּוֶת הָאַכְזָר כְּמוֹ כֵן יְדַבֵּר;
חַי אֱלֹהִים! הַיָּם בְּגַלֵּי קִצְפּוֹ יְסַפֵּר זֹאת
וּבַחֲרִישִׁי גַעְגּוּעָיו כְּמוֹ כֵן יְדַבֵּר;
חַי אֱלֹהִים! לִבִּי זָר כִּי יִגְעַשׁ יְסַפֵּר זֹאת
וּבְהִשְׁתַּפְּכוֹ בְּחֵיק אֵל כְּמוֹ כֵן יְדַבֵּר.

God lives! The treasures of the earth will tell of this,
And the uprooter of trees in storms will speak as well;
God lives! The day's gold will tell of this,
And the night in its terrors will speak as well;
God lives! Pure rivers will tell of this,
And the oppressive mist will speak as well;
God lives! The crop of the mountains will tell of this,
And the trembling of iron fires will speak as well;
God lives! Life's springtimes will tell of this,
And cruel death will speak as well;
God lives! The sea in its rolling waves will tell of this,
And in its silent longings will speak as well:
God lives! My heart will storm and tell of this,
And when it flows into God's lap it will speak as well.

ד

לֹא חָפַצְתִּי בְּזוּלָתְךָ, אֱלֹהָי!
מַה לִּי שְׁמָשׁוֹת, מַה לִּי כּוֹכָבִים
וּמַה לִּי כֹל בִּלְעָדֶיךָ?
אֲנִי עִבְרִי, אַךְ אֱמֶת בִּקְשָׁה לָהּ נַפְשִׁי,
בְּכָל לִבִּי דְרַשְׁתִּיךָ, וַתִּמְצֵא לִי,
גָּלִיתָ מָסָךְ עֵינִי וּבְכָל חֲזִיתִיךָ -
וְאַתָּה בִּלְבָבִי.

4.
I wanted none other than You, my God!
What to me are suns, what to me are stars
And what to me is anything but You?
I am a Hebrew, my soul wanted only truth,
With all my heart I sought You, and found You,
You unmasked my eyes in all Your appearances –
For You are in my heart.

מִי וּמָה אֲנִי ... | Who and What Am I...[16]

א

מִי וּמָה אֲנִי, כִּי אֲהַבְתַּנִי כֹּה, אֵלִי!
אַשּׁוּרַי מִילַּדְתֻּת שִׁבַּצְתָּ בַּזָּהָב,
דִּמְעֲךָ זָהָב עַל כִּתְפֵי נְעוּרַי נָפָל,
וַתַּכְרֵז עָלַי מְלוֹא שְׁחָקֶיךָ חַג
וְחִזָּיוֹן!...
הַבִשְׁחָקֵי זָרִים לִקְרַאת יֶלֶד מְשֻׁלָּח
תִּתְהַלָּךְ?
מִסְפַּר חוּצוֹת עֵירָה שִׁיר וּקְסָמִים
לִי.
מַה טָּמַנְתָּ לִי בָּאֲפָקִים, מָה אֶל שָׁם
תִּקְרָאֵנִי?
הַנָּהָר זוֹרֵם סוֹד, הַנָּהָר פֶּלֶא,
וַדַּאי אִם אַרְחִיק עַל גִּשְׁרוֹ, עָלַי תִּפֹּל
יַד הֶחָזוֹן, וַאֲנִי עוֹדִי נָעַר ...

רַבּוּ הָאֲגַמִּים, וְעַל כָּל אָחוּ אֶרְצָד.
גְּאוֹן פֶּלֶא עָלַי נָפָל, שָׁכַרְתִּי מְאֹד.
וַדַּאי אִם עַד רַעַשׁ הַטַּחֲנָה אָבוֹא,
עַד הָעֶרֶב תְּעַכְּבֵנִי, אֶרְדָּם,
אִישָׁן –
אוֹי, מוֹרָא וְהוֹד!... חֲזוֹנְךָ יָבוֹא,
יִפֹּל עָלַי!... אֶל עַמְּךָ תִּשְׁלָחֵנִי!...
עֲצָר־נָא כִּמְעָט, אֵלְכָה נָא חוֹלֵם עוֹד,
כִּתְרְךָ עָלַי יִגַּהּ, מִבַּקֶּר
יָרִנִּין,
אֶתְגּוֹלְלָה נָא עוֹד בֵּין דִּשְׁאֵי הַנָּהָר,
עַד תִּשְׁלָחֵנִי!...

1.

Who and what am I, that You have loved me so, my God!
From youth, You have checkered my path with gold,
Your golden tear fell on my youthful shoulders,
And declared to me Your entire firmament, holy days and
vision!
Would You walk through foreign skies toward a child who
has been sent away?
The courtyards of the city are a song and enchantment to
me.
What did You hide for me on the horizon, why did You
Call me there?
The river flows secretly, the miraculous river,
Surely if I would cross its bridge into the distance, on me
The hand of prophecy would fall, though I am still a
boy...

The swamps multiplied, and I leaped over the reeds
A miraculous pride fell upon me, I became intoxicated.
Surely if I would come to the grinding tumult,
You would hold me in check till the evening, I would
slumber, I would sleep –
O, awe and glory! Your vision will come,
It will fall on me! Send me to Your people!
But wait a little, I will go and dream some more,
Your crown will shine on me, it will make me sing in the
morning,
I will flounder some more among the river grasses

---

16   Translator's note: A "boy" is a way of referring to a prophet before his mission. Reeds in the swamp is a modest way of referring to rabbis who follow in the footsteps of a tradition of greater rabbis.

Until You send me away!

ב

אָהַבְתִּי אֵשׁ בְּלַפִּידִים עוֹלָה. אֱלֹהִים,
הַמְטֵר אֵשׁ עָלַי!
בָּאתִי בְּחָזוֹן, וַתְּרַחִיקֵנִי מִמְּךָ, שְׁלַחְתַּנִי אֶל
שְׁבִילֵי רַבִּים, -
הֲפֹה יֵחָקֵר חָזוֹן?..
נַפְשִׁי תִתְעַלֵּף לַקֹּדֶשׁ, וַאֲנִי כְּבָר אָהַבְתִּי כֹּל!
הֲגָדוֹל יִהְיֶה הֶחָזוֹן, וְלֹא אֶחְסָר? -
עַל בְּדִידוּת הָרִים הִתְהַלְּכָה צַעֲקָתִי,
וַאֲנִי לֹא יָדַעְתִּי כִּי חֲבַקְתָּנִי,
עֵת אָמַרְתִּי נֶעֱזַבְתִּי.
בְּלֵילוֹת לְשָׁמְעֵךָ עוֹד תָּעִיתִי,
אִם נִפְצַעְתִּי - דַּם בְּרִית הוּא ...
אָמְרוּ הַכֹּל אֶל הַקֶּבֶר אֲנִי יוֹרֵד,
וַאֲנִי הוֹלֵךְ לִקְרַאת חֲזוֹנְךָ ...
אֱלֹהִים אֱלֹהָי! עָגְמָה נַפְשִׁי לְאַהֲבָתְךָ.
אָבִי הָאֱלֹהִים! לְאֵשׁ אַהֲבָתְךָ אֶכְסַף.
שַׁדַּי! שַׁדַּי! הַמְטֵר עָלַי אֵשׁ שָׁמֶיךָ -
תֵּן חֲזוֹנְךָ, אֱלֹהָי!

ג

מְדוּרוֹת אֵל דּוֹרוֹת כְּאֵם
תְּחַתְּלֵנִי,
וּבְזֹהֲרֵי סִינַי כְּאָב תִּשָּׂאֵנִי.
אֶצְחַק כָּל הַיּוֹם,
הֲרָפְתָה אַהֲבָתְךָ מִמֶּנִּי,
וְאַתָּה בִּזְרוֹעוֹתַי, כָּל הַיּוֹם חֲבַקְתִּיךָ!
אִם אֶחֱזֶה שָׁמַיִם - מָגוֹר עִמִּי:
יָדְךָ, אֱלֹהָי, מַה נִּפְלָאתָה!
וְאֶרֶץ תִּתְגּוֹלֵל בְּפִרְחֵי זֹהַר אַהֲבָתְךָ,
וְשַׁעֲלֵי הַחַיִּים לְאִטְּךָ ... לֹא יִסְחֹף
נָהָר

2.

I loved the fire as its flames went up. God, rain down
    fire on me!
I came in a vision, and You distanced Yourself from me,
    You sent me down many paths –
Will the vision be examined here?
My soul faints for holiness, and I have already loved all!
Will the vision be great, and will I lack nothing?
In the solitude of the mountains my cry went forth
And I did not know that You were embracing me,
As I was saying I had been forsaken.
At nights I wandered so as to hear Your voice,
If I was injured – it was covenantal blood…
Everyone said I would descend to the grave,
While walking toward Your vision…
God, my God! My soul is desperate for Your love.
God, my father! I long for the fire of Your love.
Almighty! Almighty! Rain on me the fire of Your heavens
    –
Give me Your vision, my God!

3.

From generation to generation, like a mother You
    pampered me,
And in the lights of Sinai like a father You bore me.
I will laugh all day long,
Can Your love for me have weakened –
though You are in my arms, all the day I embraced You!
If I would see the heavens – fear would be with me:
Your hand, my God, what a wonder!

וְאַתָּה לֹא צִוִּיתָ, וְהַמָּוֶת לֹא
יַכְחִיד!
פְּרִיץ־חַיּוֹת לֹא יַעֲלֶה עַל אֶרֶץ לְשַׁחֲתָהּ,
וּשְׁלוֹמְךָ כֵּן יָבוֹא, וּשְׁלוֹמְךָ יְהִי עַד!
גָּבְרוּ הַחַיִּים עַל הַמָּוֶת, יָהּ, אַתָּה צִוִּיתָם!
בַּעֲרָפֶל לֹא תֵלֵךְ ... דְּבָרְךָ עוֹלָם.
עַל שַׁעֲרֵי הַנְּצָחִים נֶחְתַּם שִׁמְךָ,
וְשִׁמְךָ לָעַד!..

And the land would sway, in radiant flowers of Your love,
And in tranquil paths of life ... the river would not wash
them away,
And You did not command, and death will not cut them
off!
Wild animals will not destroy the land,
And Your peace will come and Your peace will be forever!
Life will overpower death. God, You have commanded it!
You will not go in a mist ... Your word is eternal.
On the gates of eternity Your name is sealed,
And Your name is forever!

When the Light Awakens...

1.

כִּי יֵעוֹר אוֹר מֻפְלָא בַּשְּׁחָקִים
וְרָנָה כָּל נֶפֶשׁ שִׁירָה הַנִּלְהָב, -
מֶלֶךְ עֲלֵי דְרָכִים יֵט לִנְפֹּל
עָיֵף וְיָגֵעַ ...
בְּכִי, בְּכִי, נַפְשִׁי, עַל הָעֶלְבּוֹן!

When a miraculous light awakens in the heavens
And every being sings an ardent song, –
The king on his path begins to fall
Tired and weary...
   Cry, cry, my soul, at the affront!

הַשְּׁחָקִים יָרוֹמוּ, יִפָּתְחוּ,
הָאַגָּדָה תַּשְׁקְ הַכֹּל זִיו חַיִּים ...
הַמֶּלֶךְ הַנּוֹדֵד אָחוּז הוּא
בְּחֶבְלֵי גְסִיסָה ...
בְּכִי, בְּכִי, נַפְשִׁי, עַל הָעֶלְבּוֹן!

The heavens will rise and open up,
The legend will water all things with the splendor of life...
The wandering king is held
In throes of dying...
   Cry, cry, my soul, at the affront!

רוּחוֹת עַל כָּל מֵיתָר יָנִיעוּ,
שִׁיר חַיֶּיהָ כָּל נֶפֶשׁ תַּשְׁמִיעַ ...
הַמֶּלֶךְ הַנּוֹפֵל מֵת שָׁמָּה
לְאוֹרוֹת הָעַרְבַּיִם, -
בְּכִי, בְּכִי, נַפְשִׁי, עַל הָעֶלְבּוֹן!

Winds move every chord,
Rustle every soul to the song of its life...
The falling king died there
In the lights of the dusk –
   Cry, cry, my soul, at the affront!

מֶלֶךְ הָיָה, מֶלֶךְ אֱזוּר גְּבוּרָה,
וְלֹא אָבָה אָמֹר כֵּן לַגּוֹרָל,
אֶת הַחַיִּים עָזַב עִם תִּקְוָותָם
וַיִּפֹּל שָׁדוּד ...
בְּכִי, בְּכִי, נַפְשִׁי, עַל הָעֶלְבּוֹן!

There was a king, girded in strength,
And he did not want to say yes to fate,
He left life with its hope
And fell to ruin...
   Cry, cry, my soul, at the affront!

2.

גָּבְהוּ, רָמוּ עַד מְאֹד הַשְּׁחָקִים
שַׁחֲקֵי בֹּקֶר
מִדְּלַק זֹהַר שׁוֹטֵף נִרְגָּשׁ לוֹ הַיָּם -
יָהּ, פְּדֵנִי מִיִּסּוּרַי!

They grew in height till the highest heavens,
The morning skies
Lit with radiance the sea deliriously stirs –
   God, redeem me from my suffering!

בִּי נַפְשִׁי הִשְׁתַּפְּכָה מֵעֹנִי, מִצַּעַר,
הַלַּיְלָה הַשָּׁחוֹר
גָּבַר עָלַי אַכְזָרִי, שָׁלַל כָּל הֲדָרִי -
יָהּ, פְּדֵנִי מִיִּסּוּרִי!

My soul is worn out from pain and worry,
The black night
Cruelly overpowered me, despoiled all my glory –
God, redeem me from my suffering!

הַשָּׁחוֹר הוֹלֵךְ וְגָדוֹל, הָאוֹר אַךְ כִּמְעַט,
הַנֶּפֶשׁ עֲיֵפָה סְבֹל
אֶת מְגוֹר הָאֶמֶשׁ וְדַלּוּת זִיו הַיּוֹם -
יָהּ, פְּדֵנִי מִיִּסּוּרִי!

The dark grows, even as the light is faint,
The soul is weary of bearing
The fear of last night and this day's impoverished radiance
–
God, redeem me from my suffering!

ג

מַה תֵּבְךְּ בִּי הַנֶּפֶשׁ
וְלֹא אֵדַע עַד מָה.
יְמַר לָהּ מִצַּע חַיֶּיהָ,
שִׁמְשָׁהּ וְאוֹרָהּ.
כִּנּוֹרָהּ בָּזוּ יָמִים,
לָעֲגוּ לוֹ הַלֵּילוֹת,
יְפִי עֲלָמוֹת יְחָרְפֵהוּ,
כָּל הוֹד עָלְמָא הָדֵין.
לֵב רַעְיָה לֹא יַלְהִיבֵהוּ,
אוֹר מִשְׁכַּן עַד.
אֵין כַּר לִמְרַאֲשׁוֹתָיו
וְלֹא אַרְגָּמָן לְבָקְרוֹ.
וְהוּא מֶלֶךְ רַב נְגֹהוֹת,
חֲלוֹמוֹ עַד הִמְלִיכָהוּ,
וְעַז הוּא מִמָּוֶת,
לֹא יַכְחִידוּהוּ חַיִּים בּוֹגְדִים.
בְּזִיו הָרַבִּים בָּחַל,
בַּיּוֹם הַכֹּל לֹא יִבְחַר עוֹד.
דֶּמַע לְבָבוֹ יִבְקַע רְקִיעִים,
יְפַלַּח לֵב הַתְּהֹמוֹת;
אֵל לֹא יִרְגַּע,
לֹא יוּכַל כַּזְּבֵהוּ בְּשִׁיר רַבִּים:

3.
For what does my soul cry,
Though I do not know for how long.
The extent of its life embitters,
Its sun and its light.
The days despised its violin,
The nights mocked it,
Beautiful maidens curse it,
All the glory of this world,
The beloved's heart will not enkindle it,
The light of the eternal dwelling.
There is no pillow for its head
And no purple to its morning.
And he is the king of many lights,
His dream until they made him king.
And he is stronger than death.
Treacherous life will not extinguish him.
He loathed the radiance of the many,
By day he would not choose again.
A tear from his heart would rend the heavens.
Piercing the heart of the depths;
God will not rest,

מוֹסְדֵי עוֹלָמוֹת יִפְרֹץ,
כָּל־יֵשׁ יַהֲרֹס,
כָּל אֲשֶׁר גָּדַר בְּעַד חֲלוֹמוֹ
וְקָרָא לוֹ לְאוֹר!

He cannot be deceived with a song of the many:
The foundations of worlds will split,
All matter will be destroyed,
Everything that fenced in his dream
And he summoned it to light!

ד

מִי אַתָּה, הַנּוֹדֵד הַגֵּאֶה,
אֲשֶׁר גַּם בִּרְעָמִים דְּבָרֶיךָ
וְלֹא אָבִיתָ רְגַע?

4.

Who are you, proud wanderer,
Whose words are also in thunder
And you did not desire rest?

אֲנִי מֶלֶךְ הַחֲלוֹמוֹת אֲשֶׁר יָבֹאוּ,
שְׁאִיפָתִי זֹה, אֶל אוֹרוֹת הַגְּדוֹלִים,
וּפִתְרוֹנִי: יוֹם אוֹר!

I am the king of the dreams that will come,
My aspiration, God, is to the great lights,
And my solution: a day of light!

בָּכוּ הָרִים מִפְּנֵי חֲמַת אֱלֹהִים...

The Mountains Wept from the Anger of God...[17]

א

בָּכוּ הָרִים מִפְּנֵי חֲמַת אֱלֹהִים,
וְכֶתֶר שְׁחָקִים נֶעֱלָב הִתְגּוֹלֵל לְרַגְלֵיהֶם.
אֲנִי תּוֹעֶה, נוֹדֵד. אֵשׁ־חָזוֹן אֶל קִרְבִּי
בָּאָה;
וּבְלִבִּי עַצֶּבֶת.
אֱלֹהִים גָּזַר עָלַי חֵמָה, וַאֲנִי לֹא חָלַמְתִּי
רָע,
וַיִּכְבַּד עָלָי.
אֶתְעַלֵּף מִמְּצוּקָה, אֶצְעַק מֵחֲבָלִים,
כְּשָׂטָן יִצְחַק לְהָרַע.
הַאֶשְׁאַג? נָדַמָּה שַׁאֲגָתִי,
בְּלִבִּי כְּאֵב
וְחַיַּי רַעַל.

1.

The mountains wept from the anger of God,
And the offended crown of the heavens rolled to their feet.
I am lost, wandering. The visionary fire inside me
comes
And in my heart, sadness.
God decreed anger for me, and I did not dream
Badly,
Yet it was a heavy burden on me.
I grow faint from distress, I will cry from my pains,
Like Satan laughing, intent on evil.
Should I roar? My roar is stilled,
There is pain in my heart
And my life is poison.

ב

אֵי דֶּרֶךְ לַמָּוֶת? אֵי מוֹצָא מֵעֵבֶר לַחַיִּים?
תְּמוּנַת קֹדֶשׁ עָלְתָה לְפָנַי אַהֲבָה,
וַאֲנִי כּוֹאֵב, פָּצוּעַ -
לָמָה זֶה לִי אַהֲבָה?
שׁוֹשַׁנִּים, פְּרָחִים נִשְׁאֲרוּ לִי
שְׁנַיִם בַּגָּן,
מַה לִי פְּרָחַי, וּמַה לִי גָן -
וַאֲנִי אֻמְלָל!
הַנַּחַל לֹא יְקַבְּלֵנִי, וְכוֹס רַעַל לֹא
אַרְהִיב
לְהָגִיחַ אֶל קִרְבִּי,

2.

What is the road to death? What is the way beyond life?
A picture of holiness brought up love before me,
Though I am in pain, wounded,
What do I care for love?
Roses, flowers are left for me
Two in a garden,
What do I care for flowers, what do I care for a garden –
Though I will utter words!
The stream will not accept me, and I will not embolden
    the cup of poison
To pour out inside me,

---

17   Translator's note: The conclusion employs language used to describe the glory of the Redemption in order to contrast the days of the dearth of God's presence before that.

וְיוֹם לְיוֹם יוֹסִיף צָרָה, יוֹסִיף רַעַל – לֹא אוּכַל נְשׂוֹא!

From day to day my plight will increase, will increase the
poison –
I cannot bear it!

ג

זוֹ תֵּבֵל הַסְּגוּרָה שֶׁלְּלָה רוּחַ הָאָדָם,
וַיְיַצֵּר אָדָם שְׁבִילֵי אָדָם.
וְאֵין מֶרְחָב לָרוּחַ.
וּמוֹלֶדֶת סְחוּפָה, דְּוִוּיָה לְאוֹר אַחֲרִית תַּעֲמֹד,
וְכָל כְּנָפַיִם קְצוּצוֹת.
חָלַמְתִּי דְרוֹר וְלֹא אֶרְאֶנּוּ,
חָלַמְתִּי כָּל יָקָר וְלֹא אֲשׁוּרֶנּוּ –
אֵין מֶרְחָב לְרוּחִי.

3.

And this closed world, denounced the spirit of man,
And man has made the paths of men.
And there is no breadth for the spirit.
And the native land borne away, saddened in final light,
Will stand,
And all wings are clipped.
I dreamed of freedom and did not see it,
I dreamed of all that is precious and did not view it –
There is no breadth for my spirit.

The Sea Came to Greet Me[18]

א

יָם עָלָה לִקְרָאתִי וְשִׁירַת גַּלָּיו בַּשְּׁחָקִים
נֶאֱחָזָה;
פָּז נוֹטֵף עֲלֵי דְרָכַי, בְּהוֹד אַרְצִי
אֶאֱשַׁר.
מָלֵאתִי חִזָּיוֹן גַּם מִתְּמוֹל גַּם מִשִּׁלְשׁוֹם,
חֲזִיּוֹנִי עוֹד אֶרֶב, כִּי חָמַדְתִּי הוֹד!

הַךְ, יַמִּי, גַּלֶּיךָ! שָׂא תְכֵלְתְּךָ לְעֵינָי!
הִנֵּה יֶעֶמְקוּ הַשְּׁחָקִים,
לְבָבִי חֹק חוֹפוֹ יַעֲבֹר, -
הֲעַל כֵּן תִּרְגַּז, הַיָּם?
בַּשְּׁחָקִים אֶבְעַט וּבְמַזָּלוֹתֵיהֶם זָהָב,
שִׁירַת נְעוּרַי-הֶפְקֵר תַּעַל עוֹד בִּלְבָבִי
אֵי לְנַפְשִׁי גְּבוּל וֵאלֹהִים בּוֹ, -
אָנוּעַ בּוֹ כַּשִּׁכּוֹר
עִם מַאֲוַיַּי הַחֲדָשִׁים וְהַפּוֹרְצִים!
רַק בֵּית-זוֹנוֹת לֹא אָבוֹא, וּלְאִשָּׁה לֹא אֶתֵּן
חֵילִי
פֶּן אֲבַלַּע הַקֹּדֶשׁ,
וְחִסַּרְתִּי הוֹד שִׁירִי,
וְשִׁירַי חַיִּים לִי!

ב

לִבִּי גָעַשׁ וּבַל אֶשְׁמַע קוֹלוֹ, חוֹמַת זָהָב
תְּסַגְּרֵהוּ, וְחֶזְיוֹנִי יִפְרֹשׂ
שְׁחָקִים, וְלֹא יָדַעְתִּי רוּחִי,
כִּי גָבְרָה עָלַי יַד אֱלֹהָי ...

1.

The sea came to greet me and the song of its waves was in
the firmament;
Dripping gold on my paths, I will be happy with the glory
of my land.
Filled with vision from yesterday and the day before,
I will broaden my vision, for I desire splendor!

Beat, O sea, your waves! Show your deep blue to my eyes!
Behold the firmament will deepen,
My heart will roll past the confines of the shore.
And therefore will you be angry, O sea?
The skies I will spurn, and their golden zodiac,
The song of lost youth will rise up again in my heart,
Where is a boundary for my soul, and God is inside it, –
I will move in it like a drunkard
With my new and bursting desires!
Yet to brothels I will not go nor give my power to
a woman,
Lest I profane the holy,
And I lose the splendor of my song,
For my songs are life to me!

2.

My heart storms but I do not hear its sound, a wall of gold
shuts it in and my vision spreads out
To heavens, yet I did not know my spirit,
Because the hand of God overpowered me...

---

18   Translator's note: Solomon Ibn Gvirol was a famous early medieval Hebrew religious poet, Spain, circa 1021–
1056.

חָפַצְתִּי אֲנִי שְׁלוֹחַ יָד בְּרַעֲמַת הָאִשָּׁה
לְאוֹר שְׁמָשׁוֹת בּוֹעֲרוֹת -
וַיֹּאחֶז אֶת יָדִי, וַיִּלְחַשׁ לִי אַהֲבָה:
חַכֵּה אַתָּה כִּמְעַט, עִם נְזִירוּתְךָ תִּגְבַּר,
לַהֲבוֹת תְּהוֹם פְּעָמֶיךָ יַאְדִּימוּ,
נִבְלֵי שְׁחָקִים עַל רֹאשְׁךָ יִתְנַפָּצוּ -
וּלְבָבְךָ כֵּאלֹהִים...
לָמָּה תִּשְׁקַע, עֲלֵה, כַּשֶּׁמֶשׁ, עֲלֵה עוֹד...
שִׁירָה לִי כַּלֵּוִי אַהֲבָה, כְּבֶן־גְּבִירוֹל לְנַפְשִׁי
קְשׁוֹר כְּתָרִים,
הַנְּבוּאָה הוֹלֶכֶת, חֶזְיוֹן־אֵל הִנֵּה בָא, -
וֵאלֹהִים בַּקֹּדֶשׁ!

I wanted to reach out my hand to a woman's thick hair
To the light of burning suns –
And He would seize my hand, and whisper lovingly to me:
Wait a little, as a Nazir you will be strong,
Flames of the depth will redden your steps,
The harps of the firmament will burst forth on your head –
And your heart will be like God…
Why are you sinking? Arise like the sun, go up again…
Sing for me as a Levite, Love, as Ibn Gvirol, link crowns to
    my soul,
Prophecy is going, the vision of God is drawing nigh –
And God is in holiness!

ג

אוֹי לִי, כִּי הֶאֱמַנְתִּי... אוֹי לִי, כִּי לְבָבִי
רָעַשׁ...
יָדַעְתִּי כִּי קֶדֶם וְאָחוֹר יִתְנַגֵּשׁוּ,
וֵאלַי בְּלַהֲבוֹת קֹדֶשׁ!
רַעְיָה, עָמֹק חִנֵּךְ, מַה תַּחְלֹמִי?
עַל אֶצְבָּעֵךְ תִּפְרַח טַבַּעַת
אַהֲבָתִי,
אֶכָּרֵךְ כַּנָּחָשׁ סְבִיבֵךְ,
וְאִם אַרְיֵה אֲנִי - מִיָּדֵךְ אֹכַל תֶּבֶן..

3.

Woe unto me, for I believed…Woe, my heart
    quaked…
I knew that front and back would collide,
And my God is in holy flames!
My wife, deep is your grace, what will you dream?
On your finger will blossom a ring
Of my love,
I will wrap around you like a snake,
And if I were a lion, I would eat straw from your hand…

צַוִּי חִנֵּךְ לִי, צַוִּי לִי חִנֵּךְ עוֹד...
הַגִּידִי לִי, אָחוֹת: מֵאַיִן הַפָּז?
וְלָמָּה חֲמָדוֹ כֹּה לְבָבִי?
אֶצֹּק עַל מֶרְחָבִים נִשְׁמָתִי
וּבְדָמִי אַאְדִּים אֶרֶץ,
כִּי עֻשַּׂרְתִּי.

Command your grace to me, command it again…
Tell me, sister, from where is the pure gold?
And why does my heart desire it so?
I will spill on the breadths of my soul,
And with my blood I will redden the earth,
For I have been rewarded.

אוֹי לִי, כִּי עֲבָרַתְנִי הָאַהֲבָה!
אַשְׁקֶה לָךְ כְּמִצְוָתֵךְ וְאֶשְׁקֶה
עוֹד,
וְאִם אֵל לְפִתְחִי עוֹמֵד...
אֲנִי בֶּן הַדּוֹר, אֲשֶׁר רַעְיוֹנוֹ טִמֵּא
נְעוּרָי;
צֹרַפְתִּי בְּיִסּוּרִי.
עַתָּה אֶפֹּל אֶל אֵשׁ חֶזְיוֹן אֵל,
אֹבַד בְּשַׁלְהַבְתּוֹ!...

Woe, for love has passed me by!
I will make you drink according to your command and
drink more,
And if God stands on my door…
I am a son of the generation whose philosophy polluted
my youth;
I was purified in my suffering.
Now I will fall on the fiery vision of God,
I will be lost in His flame!

לֹא יָדַעְתִּי דִּמְעָה...

א

לֹא יָדַעְתִּי דִּמְעָה וּמֵאֲבָנִים יִכְבַּד לִבִּי,
זָרוּ לִי נְאוֹת שָׁלוֹם, כָּל בְּרָכָה מִמֶּנִּי
תִּרְחָק.
אֵין תְּפִלָּה בְּפִי, וְנִיב רַחֲמִים אֵין עַל
שְׂפָתַי,
קָשֶׁה חַיִּים עַל מֶרְחַקֵּי אֶרֶץ כֵּן אֶתְהַלֵּךְ -
וּבָא הוֹד רוּחַ-פֶּרֶא לִי, בּוֹ אֵלִי יִרְצֵנִי.
אוֹתָם יַמֵּי-דְּמָעוֹת שֶׁפַּכְתִּי בְּרִנְנוֹת תָּמִיד,
כְּאִלּוּ הָלְכוּ כְּבָר מִלִּפְנֵי אֱלֹהִים, וְהֵמָּה
בְּצִפִּיָּה
אֶל זֶה הַבָּא אַחֲרֵיהֶם...

ב

הָהּ, מָתַי תָּבֹא דִמְעָה לִי, אֶבְךְּ מִקֶּרֶב
לִבִּי.
וְהָיְתָה רְוָחָה לִי, טַל אוֹר וְזִהֲרָיו
יִשְׁטְפוּנִי.
עַל כָּל שְׁעָלַי קוֹרֵא מָוֶת - אֲנִי אֶת אֵל
יָרֵאתִי...
וְאֵין קֵץ לִנְדוּדִים, רְחֵקָה תִּקְוָה, וַיִּדֹּם כָּל
יוֹם...
אַךְ לֹא יֶחְדַּל קֶסֶם רָחוֹק מִקְסוֹם וְגָנֹב
לְבָבִי,
וְאִם אֶחֱרַק שֵׁן, עַל קֹשִׁי לִבִּי יַטִּיף מֹר
חֶזְיוֹנוֹת.
אֲנִי הָרַסְתִּי מַעְבְּרוֹת-נְעוּרִים וְלִבִּי אִתָּם.
וְעַל כָּרְחִי שִׁירַת עָתִיד וְעָבַר סֹחֲפָה
אוֹתִי.
אֶתַּע בְּחֹזֶק גַּעְגּוּעִים אֶל חוֹף יָם וְאֶל נוֹף
קָרוֹב,

I Did Not Know a Tear

1.

I did not know a tear, and stones weigh heavy on my heart,
Places of peace are foreign to me, and blessing is far from
  me.
No prayer is in my mouth, and my lips do not beseech
  mercy.
Life's hardships are on the distant earth, so there will I go
  –
And the glory of wildness is mine, there God will please
  me.
Those seas of tears I poured out endlessly in song,
Seem to have already gone from before God, and they
  anticipate
That which come after them...

2.

Ah, when will I shed a tear – cry from the depths of my
  heart?
It will relieve me, the dew of light and its emanations will
  flood me.
On all my steps death cries – I fear
  God...
And there is no end to wanderings; hope is distant, and
  silent all the day...
But distant enchantment will not cease to steal
  my heart,
And if I grit my teeth, the frankincense of visions drips
  over the hardships of my heart.
I destroyed passages of youth and my heart with them.
And the song of the future and past bears me away against
  my will.

אַךְ לֹא שְׁכוּרוֹת עוֹד עֵינַי: אָבִינָה בְּפִרְחֵי הוֹד,
וְלִבִּי דַוָּי עֲלֵי שֶׁמֶשׁ, אֲשֶׁר לֹא תָבֹא יָמָּה ...

ג

לָן עֶרֶב עַל הַיָּם. אַחֲרֵי חִוְרוֹן שָׂחַק כַּחֲלוֹם נַעַר,
אֹדֶם פְּלָאִים כְּאֵשׁ הָעֲלוּמִים, שַׁחַר, וּתְהִי דְמָמָה.
כּוֹכָב יָחִיד, אֲשֶׁר כְּכוֹכָב נַעַר עָלַי הֵצִיץ, חֲסַרְתִּיו.
עַתָּה אַקְשִׁיב רַעַשׁ יָם; וְהוּא דְמִי לִבִּי יַאֲזִין, כְּרֵעַ לִי.
אֱלֹהִים עָלַי כְּכָתְלֵי עֲצֵי גַנִּים בְּאוֹרוֹת לַיְלָה שְׁטוּפִים.
וְלִבִּי יַחֲקֹר מֶרְחַקֵּי יָם וּמָה עַל שְׁבִילָיו הָרְחוֹקִים ...
אֲהַרְהֵר: נְעוּרֵי חוֹזֶה כַּיָּם וּתְקוּפַת כָּל יָמָיו כַּיָּם -
וּמַה בֵּין יָם לְיָם, כִּי יֶעֱמַק גַּם יִגָּל הָאֱלֹהִים?!..

I will wander in the strength of my longings to the shore and the views nearby,

But my eyes are no longer drunk, I understand the flowers of glory,

As my heart grieves for the sun, which will not sink into the sea...

3.

Night sleeps over the sea. After the pale heaven bursts like a youthful dream,

Like the fire of youth is dawn's miraculous red, and there will be silence.

A single star, which like a star of youth glanced at me – I did not have it.

Now I will listen to the roar of the sea; and it will listen like a friend to the silence of my heart.

God is like a walled garden of trees to me, awash in the lights of night.

My heart ponders the distances of the sea, and their distant paths...

I will reflect on this: The youth of a visionary is like a sea, and the passage of its days like the sea –

What difference between one sea and another?

For deep as they are, so will God be revealed!

מִשִּׁירֵי שִׁמְשׁוֹן

From the Songs of Samson[19]

עִוֵּר הוּא שִׁמְשׁוֹן, חֻלְּלָה נְזִירוּתוֹ,
אֲבָל לֹא חֻלְּלָה לָעַד.
הִנֵּה יִצְמַח שְׂעָרוֹ,
וְאִתּוֹ כֹּחוֹ הַנּוֹרָא.

Blind is Samson, his Nazirut profaned,
But not profaned forever.
Behold his hair is growing,
And with it his awesome strength.

בְּלִבּוֹ גַּל אַחֲרֵי גַּל עוֹלֶה
וְסַעֲרַת נָקְמָה חֲדָשָׁה בְּלַהֲבוֹתֶיהָ,
אַךְ שְׂחוֹק הוּא לְשַׁסַּע כְּפִיר אֲרָיוֹת,
לְהַכּוֹת אָדָם רַב בְּלִי חֶרֶב.
רַק חָדְלָה צַעֲקַת הָאַהֲבָה
אֶל בְּנוֹת הַגּוֹיִים,
כִּי זָקֵן לְלֹא עֵת.

In his heart, wave after wave goes up
And a storm of new vengeance in their flames,
And it is so easy to split the lion cub,
To strike throngs of people without a sword.
He only ceased the cry of love
For the daughters of the nations,
When he was old without time.

לֹא עוֹד יְשַׁעֲשַׁע נַפְשׁוֹ
לְאוֹר יָרֵחַ עוֹלֶה
עַל דְּרָכִים מְאֹד זָרוֹת,
וּמִבֵּין שָׂדוֹת רְחוֹקִים
צִנַּת רוּחַ לֹא תְשׁוֹבְבוֹ,
עֵת יֵעָרֵם בְּלִבּוֹ פֶּלֶא עַצְמוֹ,
פֶּלֶא קְדֻשָּׁה עִם מִפְרַץ רוּחַ.
לֹא יַעַל עַמּוּד־אֵשׁ סְבִיבוֹתָיו יוֹם
וְרַעַם שַׁחֲקִי סוֹד לְאָזְנָיו לֹא יָבוֹא...
וּקְטֹרֶת הָרִים לְרוּחוֹ לַעַג
לֹא תֵרָא לוֹ עוֹד בּוֹשָׁה כְּמוֹ בְּחֻנְפָּה לוֹ.
וְהוּא אַדִּיר בְּחָזוֹן מִתְהַלֵּךְ וּפֶרֶא מְאֹד
וְלַעַג לוֹ לַחֲזוֹן הַיָּמִים.
רַק אֱלֹהִים יְלַוֵּהוּ
אָסִיר בְּאַהֲבָתוֹ, וְעֵת יַחֲקֹר יְפִי בְּנוֹת
זָרִים

No more would he amuse his soul
By the light of a rising moon,
On very foreign roads,
Among far-flung fields,
The chill of the wind would not bother him
As self-amazement accumulates in his heart,
A wonder of holiness, a gulf of spirit.
A pillar of fire would not go around him by day,
And heavenly thunder would not reach his ears...
And the incense of mountains mocked his spirit.
No more would there be shame when he was flattered.
For he was strong in his vision, walking and wild,
And the vision of days was a jest to him.
Only God accompanied him
Chained in his love, searching out the beauty of foreign
    women

---

19 Some English readers will be familiar with the biblical name Samson as *Shimshon* in Hebrew.

מִבֵּין עֵינֵיהֶן יְרַצֵּד,
מִתּוֹךְ תַּלְתַּלֵּי רֹאשָׁן זָהָב
יָרוּם עִם נְשִׁימַת חָזָן,
לוֹ אוֹמֵר: נָקָם, נְקַם אַהֲבָה.

מַה תֶּחֱזֶה שָׁם, הַחוֹזֶה?..
עָיַפְתִּי מֵאַהֲבָה, וַאֲנִי עוֹרֵג אֶל אַהֲבָה, -
וּמִסִּינַי הַבּוֹעֵר אֶמְנֶה אֶל כָּל הָר.
אָצַרְתִּי הוֹן בְּלִבָּבִי, הוֹן חוֹזִים,
וְעִם הַיָּמִים לַהַב הָאַהֲבָה עוֹלֶה -
וָאֵלָכֵד.
נִלְכַּדְתִּי, וּכְמוֹ מֵרֹאשׁ זֹאת יָדַעְתִּי,
אַךְ טוֹב לַגִּבּוֹר גַּם הִלָּכֵד.
וְאִם נִלְכַּדְתִּי כֹּה, אוֹיָה!..
רַק הַלַּעַג לֹא אוּכַל נְשֹׂא
עִם מְרִי הַיּוֹם.
עוֹד נָקָם שָׁמוּר לִי לַלַּעַג
וּדְרוֹר לַיּוֹם,
כִּי עוֹד יָהּ בִּי. אוֹתִי יַעֲנָשׁ כִּי
צִוִּיתִי,
יִנָּקֵם מִנִּי כִּי דָרַשְׁתִּי,
וְיִצַּו לִי נָקָם אַחֲרוֹן וּדְרוֹר -
וְנַפְשִׁי לִמְרוֹם שְׁחָקֶיהָ!

From within their eyes will he flicker,
Among the golden locks of their heads,
Rising with the breath of their bosom,
I will say to him: "Avenge, avenge the love."

What do you see there, visionary?
I am tired of love, yet I long for love,
And from burning Sinai I will count every mountain.
I will keep wealth in my heart, the wealth of seers,
And on the seas a flame of love will rise up –
And I will be captured.
I was captured, and from the outset I knew,
There is good to the hero even when captured.
And if I was so captured – O!
It's only the mockery that I cannot bear,
With the bitterness of the day.
Let me just keep one vengeance for the mockery,
And freedom for a day,
For God is still in me. He punished me for I commanded
    myself,
He will take vengeance on me for I was willful,
And He commanded me final vengeance and freedom –
And my soul will rise to the heights of His firmament!

לֹא יִתְּנֵנִי אֱלֹהַי בּוֹא בִּתְפִלָּה...

My God Will Not Let Me Come in Prayer

א

לֹא יִתְּנֵנִי אֱלֹהַי בּוֹא בִּתְפִלָּה לְפָנָיו,
וּבַאֲשֶׁר אֶצְנַח
מְקוֹם סַעַר, לְלֹא מִקְלַט־הַקֹּדֶשׁ וְהָרַחֲמִים;
אֵלַי בָּא הוּא, הוֹמֶה כְּדֹב שַׁכּוּל עַל
יִסּוּרִי.
מַה פֵּשֶׁר הַכְּאֵב, מַה סּוֹד
הַיִּסּוּרִים?
הַשָּׁמַיִם מַחֲרִישִׁים
וְהֵם גְּלוּיִים לְפָנַי.
וַאֲנִי נֶחֱנָק בִּזְהָבִי,
וַאֲנִי נֶחֱנָק בִּכְאֵבִי.
וּבָא הַשִּׁיר אֵלַי,
וְהָרְנָנָה עַל שְׂפָתַי.
וְלִבִּי לֹא יְמַלֵּט גַּלָּיו.
סוֹד עוֹלָם שָׁם הוּא –
אֶרְגֹּזָה. וַאֲנִי בּוֹעֵט בַּשְּׁחָקִים,
וַאֲנִי בּוֹעֵט בְּאוֹר הַנֶּחָמָה –
וּלְבָבִי כָּאֵב.

ב

שְׂפָתֵי מִי אֲשֶׁר נָבְלוּ בִּתְפִלָּה לֵאלֹהִים
אוֹמְרוֹת לוֹחֲשׁוֹת:
"לוּ לֹא הִתְפַּלֵּל הָאָדָם".

וְהַשּׁוֹשַׁנִּים אֲשֶׁר נָבְלוּ עֲלֵי דְרָכִים
תְּלַחֲשֶׁנָּה סוֹד:
"לוּ לֹא צָמַח שֶׁמֶשׁ מָרוֹם".

1.

My God will not let me come before Him in prayer,
And when I will drop into
A stormy place, without holy refuge and mercy;
He comes to me, growling at my suffering like a bereaved
    bear,
Where is the meaning of the pain, what is the secret of
    these afflictions?
The heavens are silent
Revealed to me.
And I am strangled in my gold,
And I am strangled in my pain.
And song comes to me,
And poetry is on my lips.
And my heart will not chase away its waves.
The secret of the world is there –
I will fume. And I will spurn the firmament,
And spurn the consoling light –
Pain in my heart.

2.

The lips of he who despised the prayer of God
Speak in whispers:
"If only a man did not pray."

And the roses that withered on the roads,
Whispered a secret:
"If only the sun did not shine above."

וְהַסַּעַר, הַסּוּפָה, כִּי הִתְחוֹלְלוּ, שָׁקְטוּ,
בְּבוּשָׁה אוֹמְרִים: "עַמּוּדֵי עוֹלָם לֹא רוֹפְפוּ".
סוֹבֵב סוֹבֵב לוֹ הַחוֹזֶה עַל שְׁבִילֵי כֹל,
כְּשָׁמְעוֹ אָמַר:
"וּמָה אַחֲרֵי הָעַמּוּדִים?!" ...

And the storm, the tempest, just as they raged, they
    quieted,
Ashamed they say: "The pillars of the world did not
    shake."
The visionary goes round and round all paths,
When he heard, he said:
"And what is beyond the pillars?"

דְּמָמָה וָקוֹל – לְמַה תְּצַפֶּה?

Silence and Sound – For What Do You Hope?

א

דְּמָמָה וָקוֹל –
לְמַה תְּצַפֶּה, אֱנוֹשׁ?
– לְיוֹם רָחַק חֹק,
לְיוֹם־תּוֹחֶלֶת.
– שׁוּר אֶל שַׁחַק,
זִיו בְּאוֹצָרוֹ;
יָנַק אוֹר וְחַיִּים,
הִנֵּה עֲתִידְךָ!

1.

Silence and sound –
O man, for what do you hope?
For the day when the decree is distant,
For the day of hope.
– Gazing at the heavens,
Splendor in its treasury;
It nurses light and life,
Behold your future!

ב

– אֲנִי יָרֵא יוֹם,
פֶּן לְדִין אֶעֱמֹד;
וְיִגְמְלֵנִי אֵל
כִּמְנַת רֶשַׁע:
–
אֱנוֹשׁ עָוֹן.
עַתָּה רְגַע נָא.
כִּי אֲהֵבְךָ אֵל.

2.

– I am in awe of day,
Lest I am put to judgment;
And God will recompense me
My portion of evil.
–
To sin is mortal.
Now rest a little,
For God loves you.

ג

– טַלִּית קְרוּעָה
אֶלְבַּשׁ מִתְּמוֹל:
וְנִפְגְּמוּ תְּפִלַּי –
פְּנֵי מַלְכִּי אֵי?!
– חֶסֶד נְעוּרִים
לְךָ יִזְכֹּר אֵל;
נִבְלַע עָנָן,
חֲזֵה אוֹר מָה רָב!

3.

– A torn tallit
I wore yesterday:
And my tefillin were damaged –
Where is the face of my King?
– The kindness of youth
God will remember it for you;
The cloud is swallowed,
How great is the vision of light!

ד

4.

קוֹל, קוֹל מְבַשֵּׂר	Voice, a voice heralds,
יָצָא, אוֹמֵר;	It emerged, saying;
הַאֶשְׁמָעֵהוּ	Will I hear it
בְּדֵי בִּינוֹתִי?!	With my limited wisdom?
– אָכֵן, בְּיוֹם זִיו,	– Therefore, on the day of radiance,
תָּמוּת רִשְׁעָה;	Evil will perish;
קֵץ גְּאֻלָּה בָּא,	The end of Redemption will come.
לֹא נִשְׁכָּחְתָּ!	You have not been forgotten!

הַצְּלִיל הַזֶּה שֶׁאֲנִי מְחַיֵּב...   This Melody that I Require...

א

הַצְּלִיל הַזֶּה,
שֶׁאֲנִי מְחַיֵּב אוֹתוֹ,
וְהוּא פְּאֵרִי וַהֲדָרִי.
רַק אֲנִי בַּנְתִּי לוֹ,
וְלֹא אַחֵר.
וּבַהְמוֹג הַצְּלִיל
אֲנִי עַל קִבְרוֹ אֶסְפְּדָה.

ב

אֲנִי חָפֵץ לָנוּחַ
מֵרֹגֶז אָדָם
וּמֵעֲמַל חַיִּים.
וְלֹא אֶזְכֹּר בִּינוֹת
לְהַבְדִּיל בֵּין לְאֹם לִלְאֻמִּים,
וְהַשִּׂטְנָה רַבָּה
מִימוֹת הַנָּחָשׁ,
וְלִבִּי אָבַד חֶשְׁבּוֹנוֹ...

ג

יֵשׁ לִי רְכוּשׁ הַקֹּדֶשׁ,
וְעֵינֵי חָזוֹן נִפְקָחוֹת לִי.
לִרְגָעִים אֶפְחַד, אֶרְהַב –
הִנֵּה אֶרְאֶה מַרְאוֹת אֵל.
וַאֲנִי כְּבֶן נָבִיא אֲאַמֵּץ לֵב:
דַּי לִי, לִכְשֶׁתָּבוֹא הַשָּׁעָה!
וְאַרְיֵה־שְׁכִינָה נִגְלָה עָלַי –
רְצוֹנְךָ מָה, אָבִי הָאֱלֹהִים?!

1.

This melody
That I require,
It is my splendor and my glory.
Only I understand it,
And no other.
And when the melody fades
I will lament on its grave.

2.

I so wish to rest
From the anger of man,
And life's toil.
I will not recall distinctions,
To separate nation from nations,
And the hatred is great
From the days of the snake,
My heart lost track...

3.

I possess holiness,
And the eyes of vision are open to me.
There are moments I am fearful, I dare –
Behold I see the vistas of God.
And like the son of a prophet I brace my heart:
Enough, for the time come!
And the lion presence is revealed to me –
What is your will, my Father, God?

ד

שִׁירִי כְּחֵקֶר תְּהוֹם, שִׁירִי לִי.
יְרַשְׁתִּיו עַד הַיּוֹם – וְלִנְצָחִים.
אֶפֶס הוּא וָאָיִן,
לֹא מַמָּשִׁי,
וּלְעֵת יַחֲזֹר אֵלַי, יְשַׂמְּחֵנִי.
בִּגְדֵי שָׂרָד לֹא יִלְבַּשׁ חוֹזֶה,
וְהוּא מֶלֶךְ, נְזִיר אֵל מִבֶּטֶן...
כְּחַג וּמוֹעֵד הַשִּׁיר לִי, פְּעָמִים
שָׁלֹשׁ אֶרְאֶהוּ בִּימֵי שָׁנָה...

ה

אֲשַׁוֶּה רַגְלַי כָּאַיָּלוֹת
לָרוּץ חֵל וְחוֹמָה,
וְאֶחְדָּל.
שָׁלוֹם שְׁמִי,
חוֹזֶה לְעֵת אַחֲרוֹנָה,
אִישׁ הָאֲצִילוּת,
בַּהֲמִיתִי מִרְצִי,
וּמֵת שְׁאוֹן אָדָם,
וְכֻתַּת זֵין-קְרָב.

4.

My song is like plumbing the depths, my song.
I inherited it to this day, and forever.
It is as nought, it is nothing,
Not substantial,
Yet when it returns to me, it will gladden me.
The visionary will not wear uniform,
For he is a king, a Nazir of God from the womb...
Like a holy day is my song to me,
Three times I will see Him in a year.

5.

I will limber my legs like those of a ram
To run by sanctuaries and walls,
And I will cease.
My name is Peace,
Seer of the final days,
A man of nobility,
Killing my energy.
And the tumult of man dies,
Destroying weapons of war.

אַתְּ לִי מַחֲמַדִּים...   You Are My Delight...

<table>
<tr>
<td>

א

אַתְּ לִי מַחֲמַדִּים,
בִּגְבוֹר שֶׁפַע אוֹרוֹת;
אַתְּ אַיֶּלֶת אֲהָבַי,
בְּהִשְׁתּוֹמְמִי עֲלֵי חָזוֹן.
אֶכְרְעָה לָךְ, בַּת,
אֲהָבִינִי סֶלָה.
הָגִיתִי לַיְלָה בָּךְ,
וְיוֹמָם אֶחֱרַד לְעֻמָּתֵךְ.

</td>
<td>

1.

You are my delight,[20]
In the intensity of abundant lights,
You are the leaping doe of my love,
Surprising me with vision.
I will bow to you, daughter,
Love me, please.
I think of You at night,
And by day I tremble before you.

</td>
</tr>
<tr>
<td>

ב

הַתְּפִלָּה נִגְרָה
מִלֵּב אוֹהֵב,
לָהּ קַשְׁתוֹת־גִּבּוֹרִים
וְהוֹד חַרְבוֹת־מֶלֶךְ.

</td>
<td>

2.

Prayer is poured
From a loving heart,
It has arrows of mighty men
And glorious swords of the King.

</td>
</tr>
<tr>
<td>

ג

לִבִּי אֵשׁ־כִּנּוֹר,
נַחֲלֵי רַהַב הוֹגִיעוּנִי;
יוֹמָם עַל עַרְשִׂי אֶשְׁכְּבָה.
חָלִיתִי מְאֹד לְזִכְרוֹנֵךְ.
אָמַרְתִּי מָה אַהֲבָה,
וְאַתְּ פְּדִיתִיהָ מִצָּר;
הִכְרַעְתִּיו כְּמוֹ לַטֶּבַח,
יֵבְךְּ תָּמִיד בְּלִי הֲפוּגוֹת...

</td>
<td>

3.

My heart is a fiery violin,
Rivers of arrogance weary me;
By day I will rest on my bed,
Sick for a memory of you.
I said "What is love?"
And you redeemed it from troubles;
I brought it to its knees as if for slaughter,
It will weep forever without respite...

</td>
</tr>
</table>

---

20   The "you" in the beginning of this line is a reference to a female "you," possibly to the Land of Israel or the indwelling presence of God, the *Shechina*.

ד 4.

אֶקְרַע סְגוֹר שְׁחָקִים, I will rend the closed heavens,

אֶבְקַע אֲדָמָה לְרָחְבָּהּ. I will rend the earth along its breadth.

אֶפְרֹץ בְּרוּחוֹת אַרְבַּעְתָּיִם, I will wrest the winds four times over,

כִּי חָמַדְתִּי הוֹד אָבִיב! For I desire the glory of spring!

תַּחֲרִיד כִּנּוֹר כָּאַיֶּלֶת, The violin trembles like a doe,

כַּשּׁוֹשַׁנִּים נֶשְׁתְּ טַל שָׁמֶשׁ; Like roses drinking the sun's dew;

נַכֶּה שֹׁרֶשׁ בַּלְּבָנוֹן, Smiting the roots of Lebanon,

כְּאַדִּירָיו נִלְבַּשׁ יְקָר אַדָּרוֹת. Like its mighty we will wear costly garments.

מִשִּׁירֵי הָאָרֶץ

From Songs of the Land[21]

א

אָהַבְתִּי הַדֶּרֶךְ "רִאשׁוֹנָה"... הוּא טוֹבֵל

בְּזִיו וּנְגֹהוֹת וְהוֹד...

פִּרְחֵי־נְבוּאָה עָלַי בַּת־מַלְכָּה

הִמְטִירָה עֲלֵי דֶרֶךְ -

וְאֶטְבֹּל בַּהוֹד...

"רִאשׁוֹן לְצִיּוֹן הִנֵּה הֵם"... וְהָעֵצִים עֲבֻתִּים

מֵחֲלוֹם־פְּלָאִים...

עִם "רְחוֹבוֹת" אָמַרְתִּי: עַתָּה יַרְחִיב גְּבוּלִי.

וְ"רֹאשׁ פִּנָּה" בִּגְלִילִי מְשֻׁבָּץ בְּסַלְעֵי הֲרָרַי...

עוֹד מְעַט וְתִפְרַח שְׂפַת הַמּוֹלֶדֶת כֻּלָּה.

רִנְנַת תְּחִיָּה עֲלֵי שְׁבִילַי חֲדָשִׁים.

עִם כָּל מְסִלָּה אַגִּיר דִּמְעָתִי...

הוֹי, בְּנוּ אֶרֶץ, הַרְבּוּ בָּנוֹת, הַרְבּוּ בָּנוֹת... הַחֲלוֹם הִנֵּה בָּא!..

ב

גַּנָּה אָחוֹת לָנוּ קְטַנָּה,

אֲהֵבוּהָ כְּרָמִים,

זְרוֹעֶיהָ יַצְמִיחוּ.

אֲרִי־זָהָב עָלֶיהָ

וּפִיו מָלֵא חֵן.

לְאוֹר שֶׁמֶשׁ תִּכְרַע

וְלִבָּהּ גַּל תְּפִלָּה,

1.

I loved the way of "Rishona"... is immersed

In splendor and radiance and glory...

The daughter of a queen rained flowers of prophecy

Upon me on the road –

And I will immerse myself in glory...

"Rishon L'Zion here they are"... and the trees are
intertwined

In a wondrous dream...

With "Rechovot" I said: Now will my borders broaden.

And "Rosh Pina" in my Galilee is studded with the rocks
of my hills...

Soon the language of the entire homeland will flourish.

The song of rebirth is on the new paths.

With each track I will shed a tear...

Go, build the land, keep building, keep building...

Behold the dream is coming!

2.

We have a garden for a little sister,

The vineyards loved her,

They sprouted seeds.

A golden lion walks by her

Its mouth full of grace.

She will bow to the light of the sun

Her heart a wave of prayer,

---

21 Translator's note: The poet refers to different cities in Israel, *Rishon L'Zion*, meaning "First to Zion," *Rechovot* meaning either "Roads" or "Breadth," *Rosh Pinna*, meaning the "cornerstone" of a building. The "little sister" in the second part of the poem alludes to the Song of Songs.

עִם עֶרֶב תָּקוּם

וְהִיא מְלֵאָתִי הוֹד.

הוֹי, אַל נָא תַרְבּוּ דַבֵּר אֵלֶיהָ כִּמְעָט,

הִיא תְּפוּשַׁת הַחֲלוֹם!..

With evening she will arise

For she is full of radiance.

Behold, say almost nothing to her,

She is held in the dream!

עֲרבוֹתַי תִּפָשׂוּנִי ...   My Burdens Gripped Me ...

עֲרבוֹתַי תִּפָשׂוּנִי	My burdens gripped me
גַּעְגּוּעַי נָבְעוּ –	My desires flowed –
אֲנִי צְבִי אַחֲרֵיהֶם.	I am a deer after them.
הַצַּיָד מֵאַחֲרָי?	Is a hunter after me?
כִּנּוֹרִי מֵאֵימָתַי?	From whence my violin?
מִיֶּרַח, מַשָּׁנָה?	A month, a year?
שִׁירִי חָדָשׁ אִתִּי,	A new song is with me,
וְשִׁירִי פּוֹרֶה.	And my song bears fruit.
וְיֵשׁ אָדֹם כַּלַּיְלָה,	And there is red like night,
בִּכְיִי חָנוּק,	My cry is stifled,
בְּנָשְׂאִי כְּאֵב בְּדוּמִיָּה,	Bearing my pain in silence,
כִּי גָבַר אֱנוֹשׁ עָלָי.	Because man subdued me.
אֵי עָמְדָה עַרְשִׂי	Where did my crib stand
עֵת נִעְנְעָה בְּיַד אִמִּי?	When my mother's hand rocked it?
אֵלִי חַי, דּוֹדִי, גּוֹאֲלִי,	My living God, my close friend, my Redeemer,
כְּעֵגֶל מְלַחֵךְ עֵשֶׂב	Like a calf licks grass
אֲנִי לִשְׁעַת־רְצוֹנוֹ.	Am I to the time of His favor.
הוּא כִּמְנַחֵשׁ לְפָנַי,	He is like a diviner before me,
לְעֵת הִבְהוּב אוֹרוֹת;	At a time of flickering lights;
עֵת נִגַּפְתִּי אֶחֱזֶה	At a time of my defeat, I will envision
אֱלֹהִים קָדוֹשׁ עָלָי!	Holy God, coming to me!

פּוֹאֵמַת הַתְּשׁוּבָה · The Poem of *Teshuva*[22]

"שָׁמַיִם, בַּקְשׁוּ רַחֲמִים עָלַי!"	"Heavens, seek mercy for me!"
רָאִיתִי מִפְלֶצֶת רוּחִי,	I saw my monstrous spirit,
נַפְשִׁי מְלֵאָה אָוֶן -	My soul full of sin –
הוֹגִיעוּנִי עֲווֹנוֹתַי.	My sins exhausted me.
תְּהוֹם־זָדוֹן עָלָה בְלִבִּי,	A depth of malice rose in my heart,
בְּעוּתֵי־שְׂטָנִים אִתִּי,	Satanic nightmares were with me,
מוֹרְאוֹת אֵימָה.	Apparitions of fear.
אֲחַשֵּׂף אוֹר יַלְדוּתִי,	I will uncover the light of my childhood,
בֶּאֱחֹז אוֹתִי צִירִים,	When labor pains grasp me,
חֶבְלֵי נֹחַם,	My pains of consolation,
אֶשְׁאַג מִנַּהֲמַת לִבִּי:	I will roar from the growling of my heart:
לָמָּה נִפְסְלָה נַפְשִׁי	Why is my soul disdained?
וְאֵין פִּדְיוֹן לִי!!	Why is there no redemption for me?
גָּבְהֵי שְׁחָקִים אֶרְאֶה,	I see the heights of the firmaments,
עֲנָדָם אֵל שֶׁמֶשׁ זֹהַר,	Where God tied up the light of the sun,
תְּעוּפָה לְחָלֶד,	A flight around the world,
וַאֲנִי נִטְמֵאתִי, נִכְתַּמְתִּי,	And I was made impure, stained,
בַּל אָבִין דָּעַת.	Without understanding or knowledge.
יוֹם לֹא הִבִּיעַ לִי אֹמֶר,	The day uttered nothing to me,
רוּחַ־עֲוָעִים בְּקִרְבִּי,	A distorted spirit was deep within me.
כְּשִׁכּוֹר אֶתְנוֹדָד,	Like a drunk I will wander,
הֶעֱלֵיתִי קוֹץ בְּיָדִי.	I raised a thorn in my hand,
וְלַיְלָה יָגֹרְתִּי קִצְפּוֹ,	Fearing the rage of the night.
כּוֹכָבִים מִתְרוֹצְצִים	Stars are running by
יַשְׁלִיכוּ עָלַי מִכִּתּוֹתָם -	They scorned me from their orbits –
הֲיְמִיתוּנִי?	Will they kill me?
שָׁמַיִם, עַרְבוֹת־עָל,	The heavens, the plains above,

22   Translator's note: *Teshuva* means "repentance" as in the Ten Days of Repentance, or the Ten Days of Awe, between Rosh Hashana and Yom Kippur.

הֲיֵשׁ תּוֹחֶלֶת לְנַפְשִׁי,	Is there an aim to my soul?
הַאָמִיר גּוֹרָלִי?	Will I be able to change destiny?
בַּקְּשׁוּ רַחֲמִים עָלָי!..	Seek mercy for me!
אֶרֶץ, בַּקְּשִׁי רַחֲמִים עָלָי!	Earth, seek mercy for me!
הוֹצֵאת כָּל צֶמַח, עֵשֶׂב,	You brought forth all plants, grasses,
וְרִנַּת אָדָם עָלָיִךְ.	And the song of man is upon you.
רַע עָלַי לִבִּי, מַר לוֹ מְאֹד,	My heart feels bad, it is bitter and resentful,
כְּאִשָּׁה הַכְרִיעוּהָ חֲבָלֶיהָ,	Like a woman forced into labor,
אֲנוּשָׁה בְּצִירֶיהָ,	Absorbed in her pain,
נִגְרַשׁ בָּהּ צְרוֹר-דָּמִים	Hurled away from a bundle of blood,
כְּסַחִי יָם,	Like the filth of the sea,
וְלֹא תֵלֵד	And will not give birth
אִם טוֹב, אִם בְּלִיָּעַל.	Whether good or evil.
מִפְּנֵי רָע אֶפְחָד,	I fear evil,
וְלַטּוֹב לֹא כַבִּיר-רוּחַ אָנִי.	And I do not have the strength of spirit for goodness.
נִשְׁכַּח בִּי זֹהַר-חֶלֶד,	The light of the world is forgotten in me,
תְּעוּפַת-שַׁחַר,	The flight of the dawn,
קַו-אוֹר לֹא אֶמְצָא,	A line of light I will not find;
נֵרִי דוֹעֵךְ.	My candle is fading.
אִם אָמַרְתִּי אֶתְפַּלְלָה אֶל אֵל,	If I said I will pray to God,
מְשׁוּבָה בְנַפְשִׁי,	Returning my soul,
לֹא אַחֲרִיץ לָשׁוֹן.	I will not sharpen my tongue.
אִם אַכְעִיס תַּמְרוּרִים –	If I angered bitterness –
יִבְלַע לִי יוֹתֵר!	I would be more hurt!
הָרִים, בַּקְּשׁוּ רַחֲמִים עָלָי!	Mountains, beseech mercy for me!
מִשַּׁחַר אָמַרְתִּי	From dawn, I said,
כְּאֵיתָנִים אֶהְיֶה בָּאָרֶץ	"Like mighty ones I will live on earth.
נְזִיר-תַּאֲוָה, וְלֹא יְשַׁכְּרֵנִי יָיִן.	A Nazir of desire, its wine will not intoxicate me."
אָעִירָה שַׁחַר בְּרִנְנוֹת אֵל,	I will awake at dawn with songs of God,
כְּכוֹכָבִים אֶצְהַל, כַּכְּרוּבִים,	Like stars I will exult, like cherubim,

לֹא יְמָאֲסֵנִי.	He will not despise me.
אֱמֶת חוֹזִים אִתִּי,	The truth of visionaries is with me,
אֵזוֹר־צֶדֶק עַל מָתְנַי,	A belt of justice on my loins,
יוֹמִי רַב־בִּינוֹת,	My day is full of understanding,
אֱלֹהִים סִפֵּר חָכְמָה, הֶבִינָהּ,	God spoke wisdom, explained it,
שַׁעֲשׁוּעִים נְתָנָהּ	Gave playthings
לְוָתִיקֵי אֶרֶץ...	For the ancient ones of the earth...
לֹא חָמְדוּ, גָּזְלוּ,	They did not desire, steal
מִצְהֲלוֹת־אַבִּירִים לֹא הָיוּ אִתָּם,	The rejoicing of lords was not theirs,
רַק עֲנַוַת־תֹּם סֶלָה.	Only pure humility.
וַאֲנִי חֲדַל־אִישִׁים אָנִי,	And me, I am futile,
נִכְרְתָה קוֹמָתִי,	My stature is cut down,
לִבִּי מָלֵא צַחֲנָה,	My heart full of stench,
נְקוּטוֹתִי בְּפָנַי,	My steps are taken before me,
אִם אַגִּיר דְּמָעוֹתַי –	If I will gather my tears,
הַאֶכְבֹּשׁ לְבָבִי?	Will I conquer my heart?
אֵין עוֹנֶה אֲמָרִים,	No answer in words,
דּוּמִיָּה בַּכֹּל,	Silence over all,
רַק נַפְשִׁי לֹא תִרְגַּע,	Only my soul has no repose,
לִבִּי אֲבַתֵּר,	I will split my heart,
אָמֵס רוּחִי,	I will despise my spirit.
בְּהַמְרוֹתִי לָן רוּחִי...	In my rebellion my spirit stays...
אוּלַמֵּי נַפְשִׁי תֹּהוּ,	The chambers of my soul are void,
הֲיִסְלַח אֵל,	Will God forgive,
הֲיִרְפָּא אֵל?	Will He heal?
אָח, הִשְׁתּוֹבֵב לִבִּי,	O, my heart is impudent,
אֶסְעַר סַעַר,	I will whip up a storm,
דָּמִי רָץ,	My blood is racing,
עוֹרְקַי גֻּדָעוּ.	My veins are cut.
אֵבְךְּ, אֶתְמַרְמֵר,	I will cry, I will be bitter,
אֲחַלֶּה פְּנֵי אֵל,	I will beseech God,

אֵין תּוּשִׁיָּה אֶת כֹּל,
רַק אִתְּךָ, רַב־חֶסֶד,
רְצֵנִי נָא בְּמוֹתִי -
כִּי יָגַעְתִּי
וְנַפְשִׁי דוֹעֶכֶת.
רֹאשִׁי צָנַח בֵּין בִּרְכַּי -
אֶגְוַע אֵין אוֹנִים...
אִם לֹא בַּת־קוֹל אַקְשִׁיב,
הַמְבַשֶּׂרֶת נִחוּמֵי־נֶצַח,
הַמָּוֶת לֹא אֶזְכֹּר לְעוֹלָם.

There is no salvation at all,
Only with You, great in kindness,
Favor me now with my death –
For I am weary
And my soul is fading.
My head is sunk between my knees –
I will perish without strength…
If I will not hear a heavenly voice,
Heralding eternal consolation,
I will not remember death forever.

חֲזוֹן הַגַּעְגּוּעִים   Vision of Longing[23]

אִמְרוּ לַאֲחֵיכֶם עַמִּי
וְלַאֲחוֹתֵיכֶם רֻחָמָה (הושע)

Say to your brothers "My people" [Ami] and to
your sisters "mercy" [Ruchama]. (Hoshea)

א

הַשַּׁחַר יִשְׁאַג, בְּחֶזְיוֹן רַעַם, הַאֶעֱצֹר
הוֹד?!
בְּהִפָּתַח שַׁעַר, אָחַז יָפְיִי, רוּחִי שָׁם
מִסְתַּתֵּר.
בָּנַי יֹאמְרוּ: "מֵת!" - וַאֲנִי בַּסּוֹד גּוֹוֵעַ!
בְּנוֹתַי חוֹקְרוֹת יוֹמִי - אֲנִי מֵהָרִים
צָנַחְתִּי!
אִם אָב אֲנִי - שְׁלָלִי בְּחֵיקִי, בְּעִנּוּתִי
אֲמַצְתִּיו!
אִם אֵם, אֲשֶׁר לֹא רִיב לָהּ, צִדְקָהּ עַל מִדְבַּר
יַמִּים!
"שִׁירָה לִי גַעְגּוּעִים, שִׁירָה לִי חֵן" - יֹאמַר
אֱלֹהָי.
שִׁירִי אֶחָד וְנִפְלָא, חָתוּם בְּטַבַּעַת הוֹד:
אֲחוֹתִי רֻחָמָה, יְפַת שַׂעֲרוֹת זָהָב,
תַּאֲוָה אַתְּ לָעֵינַיִם,
אוֹהֲבֵךְ עַל בָּמֳתֵי שְׁחָקִים, אָבִיךְ
גּוֹאֲלֵךְ הוּא!
גְּרוֹנֵךְ צְמֵאָה - דְּבַשׁ וְחָלָב יַשְׁקֵךְ, רַגְלֵךְ לֹא
עוֹד תֵּיחַף.

לָכֵן הִנֵּה אָנֹכִי מְפַתֶּיהָ וְהֹלַכְתִּיהָ
הַמִּדְבָּר וְדִבַּרְתִּי עַל-לִבָּהּ (הושע)

1.

The dawn will roar, in a vision of thunder, will I stop its
   radiance?

In opening the gate, he beheld beauty, my soul is secreted
   there.

My sons will say: "Dead!" – and I am secretly perishing!

My daughters ask after me daily – I plummet from the
   mountains!

If I am a father – my plunder is within my bosom, I have
   held it tight in anguish!

If a mother – with no grievance, her righteousness shall be
   found upon the desert seas!

"Sing for me longings, sing for me grace" – says
   my God.

My song is one and wonderful, sealed with a ring of glory:

My sister Ruchama, beautiful with golden hair, you are
   voluptuous to the eyes,

Your lover is in the heights of the heavens, your father is
   your Redeemer!

Your throat is thirsty – honey and milk will quench it,
   your
   feet no longer bare.

For I will entice and walk with her to the

---

23 Translator's note: Understanding this poem is dependent on some knowledge of the story of the prophet Hoshea, who either actually or symbolically married a harlot as an expression of how Israel had strayed after foreign gods. It ends with the renaming of the children of that marriage with names symbolizing the redemption of the Jewish people.

ב

אַיָּלָה, אַיַּלְתִּי, שׁוּבִי! עַד מָתַי בַּמִּדְבָּר
תִּסְעָרִי?
אֲנִי אַב גַּעְגּוּעַיִךְ, אֲנִי עָלַיִךְ הוֹד.
קְרָאתִנִי וְלֹא יָדַעְתִּי, שָׁכַנְתִּי עַל חוֹמַת
נְעוּרַיִךְ.
לֹא מַדְווֹתִי עוֹד עֵינֵךְ, עַתָּה אַרְהִיב, אָשִׁיר
שִׁירֵךְ!
אֲנִי לִבִּי יֶהֱמוֹם, יוֹם יִזְרְעֶאל בְּלִבִּי קְסָמִים!
הַר אֶפְרַיִם לָבַשׁ חֲמוּדוֹת, צִיּוֹן מִקְרָא קֹדֶשׁ
לִי!
אֻמָּה, אֻמָּה לִי אֶחָת, בְּגַנִּי עֵצֶיהָ הוֹד
יִפְרָחוּ.
שׁוֹבֶל שִׂמְלָתֵךְ יָקָר, פְּנִינַיִךְ אַהֲבָה עַל הוֹד
הַמּוֹלֶדֶת!
אֵי יִגְבַּהּ הַר וְלֹא לָךְ, סְעָרוֹת תֵּימָן
בַּחֲדָרַיִךְ,
הָרִימִי נִסֵּךְ־יָהּ, אוֹתִיּוֹתַיִךְ – אוֹתִיּוֹת
עוֹלָם,
נֵזֶר צִיּוֹן וִירוּשָׁלַיִם, הַשִּׁיר וְהֶחָלִיל כִּימֵי־
עוֹלָם!

וְאֵרַשְׂתִּיךְ לִי לְעוֹלָם (הושע)

ג

הָאֶחְדַּל מִשִּׁיר – וְלִבִּי דּוֹלֵק
אַהֲבָה?
הֲרָפוּ כְנָפַי – וְאֵל לוֹחֵשׁ אַהֲבָה
כָּל הַיּוֹם?
בֵּין שׁוֹשַׁנִּים צְעָדַי יְהַלֵּכוּ, בַּנְּעִים אוֹרוֹתָיו
חֶמְדָּה.
בְּצִלֵּי חֲנֻנָּה, נָאוָה, חֲסוּדָה אַתְּ, רְחֻמָּה!
עֲלֵי קִבְרֵךְ לָבְשִׁי הוֹד, בַּמָּוֶת כִּי מָרַדְתְּ!...

2.

Ayala, my hart, return! Until when will you graze in the
    desert?
I am the father of your longings, I am your glory.
You called me and I knew not, I dwelt by the wall of your
    youth.
No more will your eyes sadden me, now I will dare to sing
    your song!
I opened my heart, the day of Jezreel is magic in my heart!
The mount of Ephraim wore beauty, Zion is a holy
    convocation!
Nation, one nation, in my garden her trees will blossom
    with glory.
Your dress is costly, your pearls are love for the glory of the
    homeland!
Where will the mountain rise and not for you; storms
    from Yemen in your chambers.
Raise your banner of God, your signs – your signs are
    eternal,
The crown of Zion and Jerusalem, song and flute of
    ancient days!

And I will betroth you forever. (Hoshea)

3.

Would I cease from singing – while my heart is ablaze with
    love?
Would my wings weaken – with God whispering love
    all day?
Among roses is my path, desirous in its
    lights.

נָשָׂאת חֲלוֹם גַּעְגּוּעַי, הָמִית, צִפְצַפְתְּ
כַּיּוֹנָה!
עַתָּה כּוֹכָבֵךְ דָּרַךְ, גּוֹאֲלֵךְ הִנֵּה בָּא -
מֵאָז הִשְׁמַעְתִּי דְּרוֹרֵךְ...

In my shade it is lovely, you are graceful, Ruchama!
On your grave wear glory, for you rebelled against death!
You bore a dream of longing, you sighed, you cooed like a
    dove!
Now your star is rising; behold your Redeemer is coming
Since I have given voice to your freedom...

צְלִילֵי כִּנּוֹר | Melodies of a Violin

<table>
<tr>
<td>

א

שֶׁמֶשׁ זָרְחָה –
חֲבַצֶּלֶת פָּרְחָה בַּמָּרוֹם –
עַד הַצָּהֳרַיִם יַגִּיעַ
אֵלַי אִשָּׁה,
אַחַר תֵּט רוּחָהּ,
תְּחַפֵּשׂ שְׁבִיל הַמַּעֲרָב ...
אֲנִי תְּאוֹם לָהּ,
אֶשְׁקַע כָּמוֹהָ;
אֶל חֵיקִי תִּפֹּל,
אֶמֶשׁ יְכַס עָלֵינוּ.

</td>
<td>

1.

The sun was shining –
A lily blossomed on high –
Till noon will it come
To me, her husband,
After she inclines her spirit,
She will seek the western path ...
I am her twin,
I will sink like her;
Onto my chest will she fall,
The night will cover us.

</td>
</tr>
<tr>
<td>

ב

מַאֲוַיַּי הַשּׁוֹאֲגִים
בָּאוּ אִתִּי אֶל מְאוּרָתִי
כְּפִיר אֲנִי בְּעַרְבוֹתַי,
לַיְלָה יִצְנַח פֶּלֶא –
מַה מִּנִּי יַהֲלֹךְ?
כּוֹכָבִים לִרְבָבוֹת
יִפְּלוּ עֲלֵי אֲדָמוֹת –
הַאֶדְאַג אָנִי?
מַאֲוַיַּי יֵחָבְאוּ בִי:
אֵלִי, אָבִי, אֵל נְצָחִים!

</td>
<td>

2.

My roaring desires
Came with me to my cave,
I am a young lion on the plains,
At night a miracle befell –
What should I do?
Stars in the tens of thousands
Will fall to the ground –
Should I worry?
My desires are hiding in me:
My God, my Father, eternal God!

</td>
</tr>
<tr>
<td>

ג

אִם אֶבְכֶּה כְּאָדָם –
מַה נֶּחְפְּזוּ דְמָעוֹתַי?
אִם אֶתְחַטָּא כְּאָדָם –
מָה רַבּוּ וִדּוּיָי?
זָהָב טוֹב מָצָאתִי,
מֵשִׂיחַ אֲנִי לַיּוֹם,

</td>
<td>

3.

If I cry like a man –
Should my tears hasten?
If I sin like a man –
Should my confessions increase?
I found fine gold,
I am talking about the day,

</td>
</tr>
</table>

אָבַדְתִּי כְּנָפַיִם,	I lost wings,
וּכְנָפַיִם צָמְחוּ לִי,	And I grew wings,
כְּתוּגַת חוֹזִים לִי,	Like the sorrow of seers for me,
וּבְשׂוֹרָה תַּצְהִילֵנִי,	And gladdened me with good news,
אֵלִי, אַב הָרַחֲמִים,	My God, Father of Mercy,
יִפְדֶּה חַיִּים בְּתוּשִׁיָּה.	Will redeem life with resourcefulness.

ד	4.
מוֹלַדְתִּי זִיו,	My homeland is radiant,
אֲשֶׁר שְׂדוֹתֶיהָ	Whose fields
נִשְׁדְּפוּ לְדוֹרוֹת;	Withered for generations;
זָבַת חָלָב וּדְבַשׁ הִיא	It is flowing with milk and honey
לְעֵינֵי נְבוֹנִים;	In the eyes of the wise ones;
בָּאוּ לָהּ יְמֵי מָצוֹר,	Days of oppression came upon it,
אוֹיֵב הִתְעַלֵּל בָּהּ.	An enemy tortured it.
אִמִּי מוֹלַדְתִּי,	My motherland,
הִתְעַנִּי אֱלֹהִים אֵלַיִךְ –	God brought me to you –
חֲיִי נָא! שְׁמֵךְ צִיּוֹן!	Live now! Your name is Zion!

אֵיךְ לֹא אַכִּירְכֶם! / How Will I Not Recognize You All?

אֵיךְ לֹא אַכִּירְכֶם!   How Will I Not Recognize You All?

א

יָם, יַמִּי!
אֵיךְ שְׁכַחְתִּיךָ!
סָפַרְתִּי גַלֶּיךָ,
אֵיךְ הִתְנַכַּרְתָּ אֵלַי?
אֲדָמָה שְׁקִיעָה עַל רֹאשְׁךָ
כְּכֶתֶר -
אֵיךְ לֹא אַכִּירְךָ?

1.

Sea, my sea!
How could I forget you!
I counted your waves,
How could you have estranged yourself from me?
The sunset reddened upon your head
Like a crown –
How will I not recognize you?

ב

נוֹפַי נִבְלָעוּ.
לֹא אֵדַע הַתְּמָרִים,
כְּלִפְנִים
יָרֵחַ יַעֲמֹד בַּשְּׁחָקִים -
מִי הוּא?

2.

My vistas have been swallowed up.
I will not know the date palms,
As before
The moon will stand in the firmament –
Who is it?

ג

חֲצוֹת לַיְלָה קָרַע וִילוֹן-שְׁחָקִים,
שְׁכִינָה בּוֹכָה.
כִּנּוֹר עֲלוּמַי נִפַּץ אֶל סְלָעִים -
הֲיִבִיאֵנִי אֱלֹהַי בַּמִּשְׁפָּט
עַל חֶמְדַּת עֲלוּמִים?

3.

At midnight a curtain of the firmament tore,
The Holy Presence is crying.
The violin of my youth was smashed on the rocks –
Will God bring me to judgment
For the desires of youth?

ד

תִּרְצָה אֵינֶנָּה
וִירוּשָׁלַיִם שׁוֹמֵמָה.
הַאָמְנָם הָיָה הָאוֹיֵב
כְּבוֹצֵר עַל סַלְסִלּוֹת?
עָגַמְתִּי מְאֹד,
כִּי הָרְסוּ אַרְמוֹנַי.

4.

Tirza is no longer here,
And Jerusalem is desolate.
Could the enemy really
Harvest in small baskets?
I am full of despair
For my palaces are destroyed.

בְּשָׁאוֹן נוֹלַדְתִּי

In Turmoil Was I Born

א

בְּשָׁאוֹן נוֹלַדְתִּי,
וַאֲנִי מְבַקֵּשׁ חָזוֹן.
הַבַּת, רְאִי נָא
כַּמָּה אֲאֵהָבֵךְ,
אַךְ אֵין מַעֲנֶה בְּפִיךְ.
וְהַשֶּׁמֶשׁ שׁוֹקַעַת,
יוֹרְדָה אֶל תְּהוֹם,
כַּנְפֵי כְרוּב לָהּ;
בְּוַדַּאי תַּעֲלֶה רוֹם,
וַאֲנִי אֶשָּׁאֵר פֹּה.

ב

אַהֲבָה, מַה שְּׁמָהּ?
לֹא חָפַצְתִּי בְּכְלוּם
וַאֲנִי מֻכְרָח לֶאֱהֹב;
הַטִּי חַסְדֵּךְ לִי,
לְבַל אֹבַד בְּעוֹלָם זָר.
אֵין אֻמָּנוּתִי אֶלָּא בְשִׁיר,
וְאַתְּ מְקוֹר־הַחֲסָדִים.
כְּשׁוֹר אֵלֵךְ לְמִרְעֶה,
אִם אַתְּ תִּגְּעִי עָלַי;
כְּנֶשֶׁר אָעוּף הַשָּׁמַיְמָה,
אִם אַתְּ תִּצְרְחִי אַחֲרַי;
כְּאַרְיֵה אֲזַנֵּק בָּעֲרָבוֹת,
אִם הוֹד הַלְּבִיאָה אַחֲרַי,
אִמְרִי נָא לִי רְצוֹנֵךְ
וְאֶשָּׁקֵךְ לִנְצָחִים רַבִּים.

1.

In turmoil was I born,
And I seek vision.
Daughter, see now
How I love you,
But there is no answer from you.
And the sun is setting,
Descending to the depths,
With the wings of a cherub;
Certainly it will rise up,
And I will be left here.

2.

Love, what is her name?
I desired nothing
But I need to love;
Incline your kindness to me,
So I will not be lost in a strange world.
I have no craft other than song,
For you are the source of kindness.
Like an ox I will go to pasture,
If you will come to me;
Like an eagle I will fly to heaven,
If you shout after me;
Like a lion I will bound across the plains,
If the glory of the lioness is after me,
Please tell me your wish
For many eternities will I kiss you.

3.

ג.

הִנְנִי כַּחֹמֶר בְּיָדֶךָ,

הַטּוֹב בְּעֵינֶיךָ עֲשֵׂי.

לוּ עָגַבְתְּ עָלַי רַבּוֹת,

כְּשִׁמְשׁוֹן אֶמְצָא עֹז וָחָיִל.

לוּ סִפַּרְתְּ לִי כַּלְּבָנָה

כָּל יִפְעַת הוֹדֵךְ וְזִיוֵךְ,

הִתְעַלַּפְתִּי כָּל הַלַּיְלָה,

וְלֹא צָמֵאתִי לְמָיִם.

לוּ מָלַכְתְּ כַּשֶּׁמֶשׁ

וְרֶסֶן הַיּוֹם בְּיָדֵךְ,

הָיִיתִי עֶבֶד לָךְ,

נִרְצָע בַּמַּרְצֵעַ.

I am like clay in your hand,

Do what is best in your eyes.

If only you had greatly lusted for me,

Like Samson I would find strength and valor.

If only you told me like the moon

All the splendor of your glory and radiance.

I would have fainted all night,

And never thirsted for water.

If you ruled like the sun,

For the reins of the day are in your hands,

I would be your slave,

Pierced by an awl.

4.

ד.

לֹא הָיָה רַע בָּעוֹלָם,

כִּי הִמְתַּקְתְּ אֶת הַחַיִּים.

וְהַתְּהוֹם לֹא הִתְחוֹלֵל,

כִּי הִקְסַמְתְּ אוֹתוֹ בְּפִיךְ,

וְהַלַּיְלָה לֹא טָמַן בְּלִיַּעַל,

כִּי שָׁמַר עַל מִצְוָתֵךְ.

וּזְדוֹן הָאָדָם כָּלָה,

כִּי פָּחַד אֶת רָהְבֵּךְ.

וְאַתְּ מוֹשְׁלָה כַּצַּדִּיק

עַל מְאֹרְעוֹת־עוֹלָם,

יִרְאַת אֵל בִּלְבָבֵךְ,

וְכָל מַפְתְּחוֹת בְּיָדֵךְ.

הֵן לֹא סְגוּרָה הַמּוֹלֶדֶת

בִּפְנֵי קְהַל יְשֻׁרוּן,

אֲשֶׁר יְבֹרַךְ לִנְצָחִים.

There was no evil in the world,

For you sweetened life.

And the depth was not formed,

For you enchanted him with your mouth.

And the night did not conceal evil,

For it guarded your commands.

And human malice ceased,

For it feared your magnificence.

And you rule like a holy person

Over all that happens in the world,

The fear of God in your heart,

And all the keys in your hand.

Behold the homeland is not closed

To the congregation of Yeshurun,

Which will be blessed forever.

From Songs of Despair[24]

1.

… For no light shone on your path, my lost
      brother,
And your ghastly fate pursued you like a storm,
And your wandering hope will also be despoiled, as for
      aborted youth –
Your future will be set like an eternal monument, a living
      widow its image –
            If only God were in the chambers of your heart!

Did you know the cry of a wounded lion?
Did you know how to conquer the fury of a storm
From the absence of hope and despair?
Did you also know the consolation in God,
From His hand are these things for you, and God is your
      father!?
            If only God were in the chambers of your heart!

2.

In the greatness of despair the daughter of song is silenced,
And no tear will be redeemed from the tumult of the
      heart;
Like a thief, a black, bitter idea will appear,
Yet you chased it away quickly for you feared God.

Your will: a pillar on your grave will not be erected,
And you will be as solitary in your death as in your life;

מִשִּׁירֵי הַיֵּאוּשׁ

א

...וַאֲשֶׁר לֹא נָגַהּ אוֹר עַל שְׁבִילְךָ, אָחִי
הָאוֹבֵד,
וַיִּרְדְּפְךָ כַּסַּעַר מַזָּלְךָ הָאָיֹם,
וַיִּשְׁלֹל גַּם תִּקְוַת הַנּוֹדֵד מִמֶּךָּ, וְעַל־נֵפֶל־
נְעוּרִים
הֶעֱמִיד כְּמַצֶּבֶת־עַד עֲתִידְךָ, וְאַלְמְנוּת
חַיּוֹת תְּמוּנָתָהּ -
לוּ רַק בִּמְעוֹן לְבָבְךָ אֱלֹהִים!

הֲיָדַעְתָּ שַׁאֲגַת הָאַרְיֵה הַפָּצוּעַ?
הֲיָדַעְתָּ לִכְבֹּשׁ בַּסְּעָרָה הֲמָיָתְךָ
מֵאֵין תִּקְוָה וְיֵאוּשׁ?
הֲיָדַעְתָּ גַּם הַנֶּחָמָה בֵאלֹהִים,
מִיָּדוֹ אֵלֶּה לְךָ, וְאָבִיךָ
אֱלֹהִים?!? -
לוּ רַק בִּמְעוֹן לְבָבְךָ אֱלֹהִים!

ב

בִּגְדֹל הַיֵּאוּשׁ תִּדֹּם בַּת־הַשִּׁיר,
וְלֹא תִגָּאֵל הַדִּמְעָה מֵרַעַשׁ
הַלֵּב;
יוֹפַע כַּגַּנָּב רַעְיוֹן שָׁחֹר, מַר,
וְגֵרַשְׁתּוֹ חִישׁ כִּי יָרֵאתָ אֱלֹהִים.

רְצוֹנְךָ: אַךְ מַצֶּבֶת עַל קִבְרְךָ לֹא תָקוּם,
וְהָיִיתָ גַלְמוּד בְּמוֹתְךָ כְּמוֹ בְחַיֶּיךָ;

---

24 Translator's note: Here again the poet equates personal and national despair. The phrase "a living widow"
traditionally describes the Jewish people in exile. For the poet, personal despair always entailed feeling distanced by
God.

וַתִּשְׁתּוֹמֵם: הֲגַם הֲלוֹם רָאִיתִי אֱלֹהִים
אַחֲרֵי רֹאִי?.. וַאֲשֶׁר הוּא לְמַעְלָה מִשִּׁיר!

And you will be astonished: Did I also see God here
After I saw…? For He is greater than a song!

ג

3.

גַּם רָעָב גַּם צָמָא אֵינָם אוֹמְרִים כְּלוּם,
וְגַם הַמָּוֶת בְּלֹא עִתּוֹ;
אַךְ סוֹד אֵלֵךְ גַּם בַּחַיִּים גַּם בַּמָּוֶת,
וְאֶל אַחֲרֵי הַמָּוֶת לֹא תִדְרֹשׁ הַיּוֹם כְּלוּם.

Both hunger and thirst say nothing,
And death also is not in its time
I will go with a secret in death and life,
And after death, the day will demand nothing.

אִם יֵשׁ בְּיָדְךָ...   If There Is in Your Hand... [25]

אִם יֵשׁ בְּיָדְךָ, אֵל, אֲסִימוֹן -
תְּנֵהוּ לִי,
וּבִלְבַד שֶׁיִּצְלַח בַּמְּדִינָה.
הַאֲכִילֵנִי עָפָר כַּנָּחָשׁ,
אַךְ אַל נָא אֶדְאַג דַּאֲגַת מָחָר.
תֵּן לִי מִמֵּי מָרָה,
אַךְ יִמְתְּקוּ גַם לִי לְשָׁעָה.
וְאִם גַם אֵשֶׁת אֵל חֵיקִי תָּבוֹא -
בִּרְצוֹנְךָ
פִּנַּת־כְּפָר נָא אֶמְצָא,
בַּד מִבַּדֵּי־עֵץ יִסְרַח עַל רֹאשִׁי,
הַיָּרֵחַ עָלָיו יַעֲמֹד,
וְאֶרְאֶה זִיו כְּבוֹדְךָ בְּגִיל
רַעְיָה.

If there is in Your hand, God, a token –
Give it to me,
That it should only go well in the land.
Feed me dust like a snake,
But do not let me worry about the morrow.
Give me the waters of Marah,
But sweeten them for me too for a while.
And if a woman would come to my side
According to Your will
Let me find a village corner,
A branch from the tree's branches will rot on my head,
The moon would stand on it,
And I would see Your glorious splendor in the happiness
    of a wife.

יִפֹּל־נָא קֶלַע־הַתּוֹתָח הַרְחֵק מִמֶּנִּי,
אֶל תְּהוֹמוֹת יִצְנַח
וְלַעַג לִי לַזָּדוֹן!
שֶׁמֶשׁ תִּנָּעֵר כַּזָּהָב עַל רָאשֵׁי יְלָדַי,
דַּי לָהֶם בֶּחָרוּבִים,
לוּ פֵּרוֹת גִּנּוֹסַר יֹאכְלוּ דַיָּם,
וּמֶגֶד־שָׁמַיִם תְּמַן לָהֶם!
בַּאֲשֶׁר יֵלְכוּ, יִפְנוּ,
אֶרְאֵלִים טוֹבִים, יְלַוּוּם -
בָּרוּךְ אַתָּה ה' מְקַיֵּם הַדּוֹרוֹת!

Let the artillery fall far from me
Let it plummet to the depths
As I mock evil!
The sun will scatter like gold on the heads of my children
The carobs suffice them,
If only they would eat sufficient fruits of Ginnosar,
And the delicacies of heaven appointed for them!
As they walk, they will turn,
Good angels will go with them –
Blessed are You, O God, Who sustains the generations!

---

25   Translator's note: Many prophecies note the connection between the blossoming of fruits in the Land of Israel and the Final Redemption. Ginnosar, on the shores of the Sea of Galilee, was renowned two thousand years ago for its extremely succulent fruits.

הַשִּׁיר אֲשֶׁר לֹא שַׁרְתִּי... # The Song I Did Not Sing

הַשִּׁיר אֲשֶׁר לֹא שַׁרְתִּי,
הִתְפַּשֵּׁט בִּזְהָבוֹ עַל מֶרְחָבִים
צָחֲקוּ שְׁמֵי־הַתְּכֵלֶת מִמַּעַל,
וַאֲנִי עִנְיָן לְכָל מַה שֶּׁבַּבְּרִיאָה.

The song I did not sing,
Spread out its gold into the distances
The pale blue heavens laughed from above,
For I am fascinated by all creation.

הַשִּׁיר אֲשֶׁר לֹא שַׁרְתִּי,
הֶחֱרִיד אֶת נִימֵי־נַפְשִׁי,
וַאֲנִי כְּמִתְבּוֹנֵן אֶל עָתִיד מִתְקָרֵב,
בּוֹ יִצְמַח יֶשַׁע לְיִשְׂרָאֵל וְלָעוֹלָם.

The song I did not sing,
Made the chords of my soul tremble,
And I am like a prophet of the approaching future,
When salvation will flourish for Israel and the world.

הַשִּׁיר אֲשֶׁר לֹא שַׁרְתִּי,
נָשַׁק לְנֶכְדָּתִי לְנָעֳמִי,
הִיא יַלְדַּת הַחֵן, בַּת־הַשַּׁעֲשׁוּעִים
לְעֵת מוֹעֵד יִשָּׁמַע הַשִּׁיר, מוֹעֵד־
גְּאֻלָּה.

The song I did not sing,
Kissed my granddaughter Naomi,
A child of grace, a daughter of delight.
At the right time the song will be heard, the time of
    Redemption.

Dedicated to My Son David,
on the Festive Day of His Bar Mitzva

A Note from Rav Yosef Tzvi Rimon, *the Grandson*

My grandfather, Rav Yosef Tzvi Rimon, lacked financial resources. Whether studying, teaching, or writing poetry, he lived under pressure. When my father came to the age of performing commandments, my grandfather didn't have money in hand to buy him a bar-mitzva present. As a gift, he decided to write him a poem.

My grandfather didn't write in stanzas. He rebelled against rhymes because he felt they imprisoned his spirit. My father realized that the poem wasn't in rhymes and requested another poem. My grandfather granted his request and wrote another poem, in rhymes. After some time, when Asher Barash published my grandfather's poems, he saw the two poems and said, "The poem in rhymes is nice, but it doesn't have any special power; the poem without rhymes – impressive!" And that is how this poem was eventually published in the book of my grandfather's poetry published by Agudat Hasofrim.

At times, I tell this story to boys and girls expecting a present for their bar or bat mitzva, some wondrous electronic gadget or something similar. These gadgets will become worthless in a few years. As opposed to that, the poem my father received for his bar mitzva continues to be sung till today, continues to be passed down to me, his grandson, and the rest of his posterity, as a bar-mitzva gift that is an endless inheritance, in spite of the lack of financial resources. There are things worth much more than money!

בְּנִי רֶגֶשׁ, פֶּרַח עָדִין,	My sensitive son, gentle flower,
שׁוֹתֶה טַל כְּשׁוֹשָׁן מִגְּבִיעֵי־שְׁחָקִים.	Drinking dew like a lily from the cups of heaven,
בְּרִית לוֹ אֶת אַיֶּלֶת־אֱלֹהִים,	He has a covenant with the doe of God,
יַחְמְדָה לִנְצָחִים עַל גְּבוּלֵי־מוֹלֶדֶת.	He will desire her forever on the borders of the land,
אֶרְאֵלִים הוֹשִׁיטוּ לוֹ זֵרִים,	Angels handed him garlands,
כִּי פָּרַח בְּגַן־תַּלְמוּדוֹ.	For he flowered in the garden of his learning.
שֶׁפְרוּ עַל שְׂפָתוֹתָיו	Enchantment on his lips,
אִמְרֵי נֹעַם־זְמִירוֹת;	Fine words of pleasant songs;
יַךְ כִּנּוֹר־דַּהַב,	Smiting the violin of pride,
יְדוֹבֵב עַמּוֹ סֶלָה.	He will hearten his people to speak. Sela.

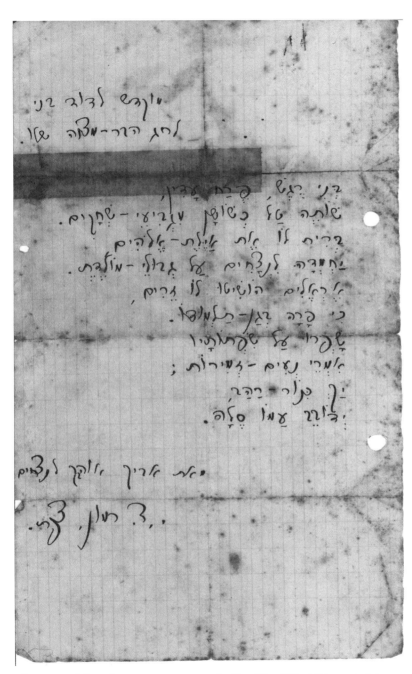

The original, handwritten poem given by Rav Yosef Tzvi Rimon to his son.

הרב קוק במשנת רי"ץ רימון

קשר מיוחד היה בין המשורר רי"ץ רימון ובין הרב אברהם יצחק הכהן קוק. בחוברת הנמצאת עדיין בכתב יד (דרך שירתי) מספר המשורר על היכרותו הראשונה עם הרב קוק:

כשעליתי לארץ ישראל, היתה בי רוח אחרת, אויר ארץ העמים רחק ממני, ואויר ארץ הקדש הריחני רוח קדושה. הייתי אדוק בדת, וגם האוירה של אבא ז"ל גרמה לי תמיד לזה.

על ידי המלצת אז"ר ע"ה, באתי אל הגאון מוהרא"י הכהן קוק זצ"ל, והוא החשיבני בתור בעל כשרון פיוטי, והכניסני אל הישיבה שלו, שיסד אז ביפו, וחל להגדילה ולהאדירה.

רבנו אהב לשוחח אתי הרבה, ביחוד כשנתפרסם שירי "אחד" ב"התרבות הישראלית", שיצא ע"י בנו הרב צבי יהודה הכן קוק שליט"א, החשיבני עוד יותר.

המשורר גר אצל הרב קוק ביפו (ומאוחר יותר גם בירושלים), למד אצל הרב וספג את תורתו. הרב קוק מצדו, העריך מאוד את המשורר, וכתב עליו (במכתב אל ר' פנחס גרייבסקי, שהוציא חוברת יובל לכבוד המשורר רי"ץ רימון) ותלה בו תקוות גדולות כמשורר האומה:

שמחתני חביבי, בבשורתך הטובה, שהנך מוציא לאור חוברת חצי יובל לכבוד עבודתו הפוריה של ידידנו המשורר המלא רוח דעת ויראת השם טהורה, מו"ה יוסף צבי רמון שליט"א, יישר כחך.

הגיע הזמן להתעורר, ליתן כבוד ועז למשורר המיוחד במינו ובזמננו, שכל הגות רוחו ומעוף שירתו נובעים הם ממעין החיים של אור ישראל, נצחו ועזו וקדושת נשמתו.

יוכל להיות שדווקא משורר מעונה בגורלו בחיים כמו חביבנו זה, מתוך מעמקי הצער שבחייו, נשמתו מתרוממת ומתקדשת, והוא, דוקא הוא, הנהו העלול לפתוח מסלול הקודש בשירת ישראל המתחדשת, אשר אחרי אשר נאלמה מאות בשנים, פתחה את פיה לדבר גדולות, אבל מסבות חצוניות אשר בחיי החולין נתנו בה את החלק היותר מכריע, למרות שבתור שירת ישראל היא מוכרחת להיות יונקת ממקור הקודש.

והנה מופיע לנו משוררנו החביב רבי יוסף צבי רמון כהדס במדבר, ביניקתו מלשד החיים המקודשים האצור בקרב רוחו פנימה, המשומר בטוהר חייו וברגש טהרתו המיוחדת. נקוה שיבאו ימים, והוא לא רק אחד המשוררים בישראל יהיה, אלא למופת יהיה בחטיביותו המיוחדת, ולמשל למשוררי יהודה הבאים, אשר ירונו בגאון שם ד' צור ישראל.

חזק ואמץ ותן אימוץ לאיש הרוח המסולא בפז משוררנו היקר רבי יוסף צבי רמון, ויהי ד' עמך לכונן מעשי ידיך ולחזק ולאמץ את ידי הטהורות של האיש הטהור ונקי הדעת, ולעודד את רוחו להגדיל ולפאר בעתיד עוד עבודות רבות ונהדרות על הככר המרומם של שירת ישראל, אשר תתחדש בהוד קדושתה, אשר יחובר עם רעם גבורתה ופאר יופיה.

כברכת ידידך המחזק ידיך באהבה, אברהם יצחק הכהן קוק

הרב קוק אף סבר, ששירים של רי"צ רימון, עשויים להיכנס כפיוטים בסידור התפילה העתידי (מהאדמו"ר רבי ישעיה שפירא ז"ל).

רי"צ רימון היה מתבונן ברב קוק ושואב ממנו כוחות רוח. כך הוא מספר על משל תפילתו של הרב קוק:

התפלל באיזו מתיקות מיוחדת... ומתוך קול התפילה השתפכה נפשו כנפש אחד הגאונים – ענק-אדם שנשאר עוד לבדו בארץ, והוא דורש אלקים. (רי"צ רימון, מובא באורות התפילה, עמ' 10)

הראייה המיוחדת של הרב קוק, ראיית הטוב בכל המציאות, השרתה רוח מיוחדת על המשורר. שאלותיו הרוחניות והאמוניות, היו נפתרות בשומעו דברים של הרב:

היה לי עונג מיוחד לשמוע דבריו. מעין חידוש היה לי לראות גאון בישראל, אשר הוא יכול לרפא משובת עולמים, כשכל מגדליך נופלים, ואתה רואה הוויה גמורה, בריאה של יש, החיים כדאיים, והשחקים כל כך גבוהים ויפים.

בשיחותיו היה מלא מחשבות פוריות, שיש בהן עמקות מיוחדת. נחה דעתי עלי. הרגשתי, כי נפתרו לי כל שאלותי. השלילה בלעדי החיוב – בולעה עולם, ויש די שלילה בחיוב, והנה נתגלה לי שגם השלילה היא אור לאדם, היא מקור תושיה. (רי"צ רימון, הארץ, י' באלול תרצ"ה)

יכולתו של הרב קוק לחוש את החיים, להפוך אפילו את הרע לטוב:

נוכחתי, כי כל מה שהאדם גדול ביותר, אדם מופלא, יש לו פאר תושיה, **הוא מרגיש ביותר את החיים**, הוא חי גם את חיי הצעירים, **והוא מהפך את הרע לטוב**, ואולי יש בזה גם משום רפאות ל"רחוקים"... (רי"צ רימון, שם)

המציאות המיוחדת בארץ בעת ההיא הותירה את הרב קוק כמעט בודד. מצד אחד, היו החלוצים, שאמנם העריכו אותו מאוד ושגם הרב קוק ראה בהם נקודות אור גדולות, אבל כמובן שלא הלכו בדרכו. מאידך, אנשי היישוב הישן, שהתרחקו לגמרי מן החלוצים ומדרכם. אחת הדוגמאות לכך היא השמיטה. הרב קוק היה בטוח בעצם ההיתר, ולפי דבריו "על

עצם ההיתר אין לדעתי לפקפק כלל" (משפט כהן, עמ' קכ"ו). עם זאת, היה ברור לו שההיתר הוא רק הוראת שעה, ולכן צריך למעט מלהשתמש בו עד כמה שניתן:

ומפני שכל דבר ההיתר הוא באמת רק מפני הדחק העצום ובתורת הוראת שעה, על כן הנהגנו שלא לנטוע נטיעות חדשות כלל, מפני שכל מגמתנו היא להגן על היישוב שכבר נשתכלל, שלא ייהרס... לקיים כל מה שאפשר, ולהישמר בכל אופן ממה שהוא ביסודו איסור דאורייתא.

למרות שבין המתירים היו שהתירו אפילו מלאכות דאורייתא על ידי יהודי (כמו הרב שמואל מוהליבר בשנת תר"ע), הרב קוק שב וצמצם את היתר המכירה למלאכות דרבנן על ידי יהודי ומלאכות דאורייתא על ידי גוי. כמו כן, הרב קוק כותב שצריך לחפש דרך לקיים מצוות שמיטה בלי היתר מכירה, וכל חקלאי שיצליח לקיים מצוות שמיטה כדינה – יש לחזק אותו ולשמוח בו:

ואין זה מונע ופוטר אותנו מלבקש כל העצות אשר יזמין ה' לנו, שיוכלו אחינו בני ישראל היושבים בארץ הקודש לקיים את המצווה כהלכתה בלי שום הפקעה ודרישת היתר. וכל חלק קטן שבקטנים מארץ הקודש שבידי ישראל שתקויים בו מצוות שביעית כדינה, אנו צריכים לשמוח עליו כמוצא שלל רב.

גישת הרב קוק גררה תגובות קשות משני העברים. מחד, מהיישוב הישן כעס על כך שהראי"ה מחדש את ההיתר, כפי שניתן לראות בדברי הרידב"ז (בהקדמה לספר בית רידב"ז):

מעודי הייתי בטבעי קנאי גדול, ובעת שראיתי שעמודי היהדות מתרפפים ורוח הקרירות מנשבת באהלי ישראל, לא יכולתי להתאפק ויצאתי ברוח הקנאה בכל כוחי... אך עם כל זאת לא התאפקתי, כי לא אוכל בשום אופן להתאפק – ותיתי ארגז!

ומאידך, בני המושבות טענו שהרב קוק מחמיר בכך שהוא דורש שמלאכות דאורייתא ייעשו רק על ידי גויים:

היישוב הוא חיי נשמתי... ולא נעלם ממני שיש גם כן מתירים קיצונים, אבל אינני נוטה לזה, כי כשם שאנו צריכים לארץ, אנו צריכים לדת, ואנו צריכים להשריש שלא תשתכח תורת שביעית מישראל. (אזכרה, תולדות הרב, עמ' קכ"ג; דבר השמיטה, עמ' 128)

היטיב לבטא את הדברים המשורר רי"צ רימון:

כל איש מבין, יידע ויבין על פי רושמי כל התקופה הזאת בארץ, כי בלעדי מציאותו של הרב קוק בארץ בעת הזאת היה יכול חלילה להתמוטט היישוב מפני קיצוניותם של הדור החדש והישן גם יחד, באין שום אמצעות ביניהם ובאין השפעה חשובה ונעלה

· 98 ·

מאת איש נדיבות גם עליהם וגם על החיים בכללם. כל זה פעל ועשה הרב קוק בשעה שמצא הרבה רוגז־רוח גם משני הצדדים האלה, ולפעמים גם פגיעה בכבודו הנעלה. (רבי אברהם יצחק הכהן קוק ורעיון התחיה, עמ' 10)

האם הרב קוק הצליח? כפי שכותב סבי זצ"ל, הצליח הרב להיות העומד בתווך, בין שתי הקבוצות הקיצוניות, ולאפשר חיים משותפים למרות כל הקשיים. על הערכת בני המושבות את הרב קוק, ניתן ללמוד מכך שביום פטירתו הודיעו העיתונים בארץ בעמוד הראשון על אבל לאומי והשבתת כל העינוגים (וכן על פגישה מיוחדת של הקונגרס).

תעוזתו של הרב קוק אכן אפשרה בסופו של דבר את החיבור בין חדש לישן – בין הצורך בשמירת תורה ומצוות ובין היישוב המתפתח בארץ, שניסה לברוח מכך. פרט לכך, הצליח הרב קוק בכך שאנשים רבים יכלו להיות לאומיים בהשקפתם, ועם כל זה דבקים בתורה ובמצוות. מציאות זו, היתה נחלת בודדים בזמן הרב קוק, ואילולי השפעתו, הציבור הלאומי־ציוני היה כולו מתרחק מתורה וממצוות.

השפעה הדדית

קרבתו של רי"צ רימון אל הרב קוק השפיעה עליו מאוד. בדבריו ובשירתו, ניכרת השפעת הרב קוק. וכך כתב על קשר זה, הסופר ר' בנימין:

> בנפשו העורגת של רימון הצעיר, מצא הרב כנור־קיבול אחר מאצל אחרים. יוצא מזה, שהיו כאן יחסים הדדיים... שירי רימון, הם לעתים פירוש לדברי הרב. (משפחות סופרים, ר' בנימין, עמ' 165)

דוגמאות רבות ניתן לראות בהשפעה זו. מי שילמד היטב את כתבי הרב קוק ואת שירי רי"צ רימון, יוכל למצוא מקבילות רבות (הרב חנן פורת ז"ל, היה בקיא מאוד בדוגמאות שכאלו). ולהלן נביא דוגמה מופלאה אחת.

כתיבת אורות הקודש

מה גרם לכתיבת אורות הקודש ולרוב ספרי הרב קוק?

ובכן, הדברים שכתב רי"צ רימון על הרב קוק, גרמו לרב קוק להסכים לעריכת אורות הקודש ומהם לעריכות נוספות. כיצד אירע הדבר?

רי"צ רימון התלונן שאין ריכוז מסודר של שיטת הרב קוק בכתבי הרב ואף ציין זאת במאמר על הרב. יש עומק פילוסופי עצום, אבל אין תורה ברורה, אין סדר ברור.

דברים אלו אמר הרב קוק לרב הנזיר, ובעקבות זאת ביקש הרב הנזיר לערוך את אורות הקודש, דבר שהסכים לו הרב קוק.

אמש, כשהראני מרן הרב שליט"א את המאמר על כתבי הרב קוק מאת רימון (המשורר בעל רוח עליון [שם עמ' 146]), שבו הביע חסרון הריכוז הפילוסופי שבהם, הבעתי לרב את דעתי ומבוקשי מאז על חיבור שיטתי מאת הרב בג' חלקים [אורות הקודש]... והרב שליט"א... אמר לי כי זה הוא רצונו, אלא שקשה לו... (משנת הנזיר, ליד הערה 145)

מדוע אכן לא כתב הרב בצורה שיטתית ומסודרת? מדוע הרב אמר שזהו רצונו אבל קשה לו? הרב קוק בהיותו בחו"ל כתב ופרסם ספרים רבים[1]. הוא פרסם כבר את ספרו חבש פאר על התפילין; בתחילת שנותיו ביפו הוא כתב ופרסם את אדר היקר ואת עקבי הצאן. פרט לכך, היו ספרים שכתב ונותרו עדיין בכתב יד: מדבר שור, מוסר אביך ועין איה. בקיץ תרס"ה כותב הרב את באר אליהו על חושן משפט, הלכות דיינים, עדות והלוואה (אך לא מצליח להשלימו). הרב קוק אם כן, הוא כותב גדול, ואף יודע לסדר את הדברים בצורה נפלאה.

אולם, משנת תרס"ו הוא חודל לערוך את עצמו[2]. בשנת תרס"ז כותב את עץ הדר על האתרוגים המורכבים, אך מעיד על עצמו שזוהי חריגה: "באלו הימים כתבתי מעט בעניין האתרוגים המורכבים, וזה זמן רב שלא עלתה בידי לכתוב עניין בקצת אריכות, בדבר הלכה..."(אגרות הראיה א', עמ' ס).

מעתה, יערכו את הרב אנשים אחרים, כשהמרכזיים שבהם הרב הנזיר (שערך במשך שתים עשרה שנה את אורות הקודש) והרב צבי יהודה. מדוע נזקק הרב לפתע לעורכים?

לימדנו הרב קוק (אורות ארץ ישראל ד) ש"רוח הקודש שבארץ ישראל היא נקייה, לעומת רוח הקודש שבחוץ לארץ, שמעורבים בה קליפות ודימיונות מעוותים". ו"בחוץ לארץ הקדושה מתנגדת אל הטבע... רק בארץ ישראל יכולה להתגלות קדושה כזו שלא רק נלחמת בטבע, אלא מסוגלת לשכון גם בטבע עצמו..." (אורות התחיה כח). ובארץ ישראל, פרט לקדושה המיוחדת של הארץ, נותן כוח מיוחד גם החיבור אל עם ישראל שבא לידי ביטוי דווקא בארץ ישראל "תיכף כשמגיע האדם לארץ ישראל, מתחברת נשמתו האישית אל אוצר הנשמות של כל ישראל" (אורות ישראל, ז', יח).

הרב קוק מגיע לארץ ונדבקת בו קדושה מיוחדת. קדושה אחר קדושה. בשנת תרס"ו, שנתיים וחצי אחר בואו ליפו, מגיע הרב כנראה להארה מיוחדת.

"מרגיש אני איך נלקחות התבות והאותיות ממקום גבוה ונשא, ממקור החיים, וכמה הן מלאות חיים ומוסיפות כח וחיים בעולם. אמנם גם מרגיש אני מעוט ההרגשה מטעם המניעה של חוץ לארץ, והשאור שבארץ ישראל הוא באפן אחר מפואר ונשגב" (חדריו, מהדורה

<hr>

1   עיין בכל זה ב"המקור הכפול של השראה וסמכות בתורת הרב קוק", הרב יואל בן נון, עבודת דוקטורט, עמ' 46.

2   פרט לדברים בודדים כגון כתיבה הלכתית והאותיות של הלכה ברורה וכתיבת ריש מילין (ביחס לריש מילין עיין להלן).

שלישית, עמ' נח). ועוד כותב הרב "אני מכרח לדבר על הכל, על גבהי גבוהים, מה שהוא למעלה מערכי, מהשגתי והרגשתי..." (שם עמ' נט). "ערך הדיבור הולך ומתגלה אלי. יוצא הדיבור מהגלות שלו, מופיע הוא ברוממות קדושת ערכו... **הוד אור הקדש מפעם, והארת זיו ארץ ישראל חוזרת ומתעטר במעמקי הנשמה...**" (שם, עמ' ס).

הרב קוק מגיע להארה גדולה בארץ ישראל. הארה כה גדולה עד כדי שהיא לא יכולה להיכתב כתורה מסודרת. הרב מתאר את האור הגדול הנסוך עליו: "נשמתי רחבה, גדולה ואדירה. אני מרגיש תפארתי והדר רוחי בקרבי. מלא אנכי עז וחופש ... צופה אני את פני האמת, הוד הקודש מתנוצץ לי" (חדריו עמ' נ').

העוצמה, כך מעיד הרב, גורמת לכתיבה מורכבת: "הנני צריך לשחרר את ספרותי מכבליה. **מפני מה איני יכול לכתוב את עומק רעיונותי בדרך ישרה, בלא סיבוך, בלא הרכבה יתרה** ... וזהו סוד מסתר" (שם עמ' עא–עב). שטף המחשבה הגבוהה גורם לרב להעלות את הדברים כמות שהם "בלא מעצור אני צריך לחשוב, בלא מעצור – להציג על הגיליון את כל הגות לבבי. איני מקפיד איך יעלו הדברים, בדרך נסתר או נגלה, הכל אחד. סוף כל סוף האור יתנוצץ". (שם, עמ' נ)[3].

סבי רי"ץ רימון זכרונו לברכה, מספר על עצמו, כיצד העלייה לארץ משפיעה עליו:

כשעליתי לא"י, היתה בי רוח אחרת, אויר ארץ העמים רחק ממני, ואויר ארץ הקדש הריחני **רוח קדושה**. (דרך שירתי)

כנראה שגם שגם כאן, היתה העלייה שלב אחרי שלב. בשנת תרס"ט (1909) הוא עולה לארץ, ובשנת תרע"ה (1915) הוא עובר לפתח תקווה ומתאר הארה מיוחדת שהוא מקבל (דרך שירתי):

אמנם זוהר שמימי פשוט בא אל לבי, בהיותי עוד בפתח-תקוה, ואז שרתי את שירי "איך אשיר על שמים וארץ", ומאז מאסתי בשירת חול בלי דבקות בה'.

השינוי בכתיבה, בעקבות השחרור, בעקבות המעוף, בעקבות ההארה, בא לידי ביטוי בשני שירים דומים מאוד, וכמעט מקבילים, של הרב קוק ושל סבי רי"ץ רימון.

בצעירותו היה כותב סבי רי"ץ רימון בחרוזים, כפי שכתבו כל משוררי התקופה. אולם, לפתע הבחין שהוא נאלץ לוותר על ביטוי נפשו בגלל החרוזים. הוא מרגיש עצמו נישא אל עבר השמים, והחרוזים מפריעים לו מלבטא עלייה זו. רי"ץ רימון כתב שיר נפלא, המבטא את ה"מוטו הרימוני". מכאן ואילך, עתיד רי"ץ רימון לכתוב רק בצורה זו, שאין בה חרוזים:

הַשִּׁיר נָתַן בַּכֶּלֶא -
סָגְרוּ עָלָיו בַּחֲרוּזִים;

---

3   הוא חוזר לערוך את עצמו בהיותו בחו"ל, באנגליה, בשנת תרע"ז, בכתיבת ריש מילין (שהוא ספר קבלי עצום וחתום). והדברים תואמים את מה שכתבנו, שבארץ ישראל, לא היה מסוגל יותר לערוך את עצמו.

כְּבוֹא הָאָבִיב בִּקֵּשׁ דְּרוֹר,
וָאֲחַלֵּץ אוֹתוֹ מִמֵּצַר.

עוּפִי, בַּת־הַשִּׁיר,
חֻגִּי בַּשָּׁמַיִם!
אֶשָּׂא אֵבֶר אַחֲרַיִךְ,
אֶדְלֶה מִתְּהוֹם יָפְיֵךְ,
וְלֹא יִרְאֵנִי זָר
בַּעֲלוֹתִי אֵלַיִךְ
וּבְשׁוּבִי אֶל תֵּבֵל אֲדָמָה.

דברים דומים מאוד כותב הרב קוק:

מְשׁוֹרֵר חָפְשִׁי

הֶגְיוֹנוֹתַי הֵם מִנִּי־יָם רְחָבִים, בְּשָׂפָה פְּרוֹזִית לְהַבִּיעָם בַּל אוּכָלָה. שֶׁלֹּא בְּטוֹבָתִי הִנְנִי מֻכְרָח לִהְיוֹת מְשׁוֹרֵר, אֲבָל מְשׁוֹרֵר חָפְשִׁי. לֹא אוּכַל לִהְיוֹת קָשׁוּר לַנֶּחְשָׁתַיִם שֶׁל הַמִּשְׁקָל וְהֶחָרוּז. הִנְנִי בּוֹרֵחַ מִן הַפְּרוֹזָה הַפְּשׁוּטָה מִפְּנֵי הַכֹּבֶד שֶׁיֵּשׁ בָּהּ, מִפְּנֵי צִמְצוּמָהּ, וְלֹא אוּכַל לְהַכְנִיס אֶת עַצְמִי בְּצִמְצוּמִים אֲחֵרִים, שֶׁאוּלַי הֵם יוֹתֵר גְּדוֹלִים וּמַעֲמִיקִים מֵהַמּוּעָקָה שֶׁל הַפְּרוֹזָה, שֶׁמִּמֶּנָּה אֲנִי בּוֹרֵחַ. (שירת הרב, עמ' ו)

השיר "השיר ניתן בכלא" נכתב כנראה עוד לפני הכרותו עם הרב קוק. אולם, דברי הרב מקבילים כל כך: "לא אוכל להיות קשור לנחושתיים של המשקל והחרוז".

העוצמה של הרב, השחרור והמעוף, הקדושה הטהורה והעליונה, הם שהביאו את סבי רי"ץ רימון להתחבר בקשר אהבה גדול למרן הרב קוק זצ"ל. למרות שגם סבי לא יכול היה בשל עוצמתו, לסדר ולערוך את עצמו, ואת רוב שיריו אסף אבי דוד רימון ז"ל, הרי שחשק מאוד שמרן הרב קוק יעשה כך. אולם, מרן הרב קוק, בשל האריתו הגבוהה בארץ ישראל, לא היה מסוגל לכך. הרב קוק שידע היטב לערוך את כתביו בחו"ל ובתחילת דרכו בארץ, זקוק היה אפוא לעורכים. הדבר לא נבע מפחיתות ונמיכות, אלא להיפך, מעליה מתמדת, מרוח הקודש שהלכה והתנוצצה ברב זצ"ל. תחילת המעבר לעורכים באה על ידי אותה 'תלונה' של סבי רי"ץ רימון, ומאז החל העורכים באורות הקודש וביתר ספריו של הרב.

Jobkatif

JobKatif was founded by Rav Yosef Zvi Rimon immediately following the 2005 with-drawal from Gush Katif, which left 85 percent of the former residents unemployed, as well as homeless. Understanding the importance of employment not just for income, but also for rehabilitative purposes, Rav Rimon, with the help of many volunteers, and later, professional staff, developed JobKatif as the only organization providing employment solutions for the Gush Katif families.

Constantly updating its methods to suit changing needs, JobKatif has succeeded in helping 2700 people return to employment, by offering employment counseling, subsidized retraining courses, university scholarships and job placement services. In addition, JobKatif helped set up two hundred new small businesses, run and staffed by evacuees, from the north to the south of Israel.

JobKatif's work was recognized by the Israeli government, and Rav Rimon received the 2008 Israeli Award for Volunteerism from President Shimon Peres.

As JobKatif is approaching the completion of its mission, Rav Rimon is taking the expertise acquired over the years and applying it to other weakened, sidelined populations, such as the Ethiopian community, and is currently developing a unique program to train young Ethiopians as hospital nurses.

These initiatives are based on the same value system – the Rambam's belief that the highest level of charity is to enable a person to become economically independent.

info@jobkatif.org